Dr. med. Viola Andresen, Dr. med. Jörn Klasen,
Dr. med. Matthias Riedl, Dr. med. Silja Schäfer

Die Ernährungs Docs

Unsere **100 besten** antientzündlichen **REZEPTE**

Mit Texten von Franziska Pfeiffer
und Rezepten von Martina Kittler

INHALTSVERZEICHNIS

DIE ICONS BEI DEN REZEPTEN

- vegan
- vegetarisch
- gesunde Fette
- reich an Pflanzeneiweiß
- low carb

BESSER ESSEN, WENIGER ENTZÜNDUNGEN

Sie leiden unter Schmerzen? Sind chronisch krank oder werden oft von Infekten heimgesucht? Müdigkeit und Energiemangel schränken Ihre Lust am Leben regelmäßig ein? Dann haben wir ein Rezept für Sie. Eins? Nein, genau genommen hundert. Und dazu gibt's wertvolles Wissen mit vielen Tipps und Tricks aus der Ernährungsmedizin gegen chronisch entzündliche Prozesse im Körper.

Selbst kochen und gesund bleiben – das gehört für uns unumstößlich zusammen. Denn nur wer sich mit seiner Ernährung beschäftigt und sich selbst an den Herd stellt, kann gesundheitsschädliche und unliebsame Zusatzstoffe aus der Küche verbannen und sich seine „Medizin" ganz nach seinem eigenen Geschmack selbst herstellen. Zum zehnjährigen Bestehen unserer TV-Serie „Die Ernährungs-Docs" im NDR präsentieren wir Ihnen deshalb dieses Kochbuch. Damit können Sie aktiv werden gegen chronische Entzündungen im Körper, gegen Ihre Schmerzen und Beschwerden – und vielleicht sogar gegen Ihren inneren Schweinehund. Wir können Ihnen guten Gewissens versprechen: Selbstkochen lohnt sich in vielfacher Hinsicht.

ESSEN ALS MEDIZIN

Ob Arthrose, Rheuma, Diabetes, Darmerkrankungen, Depressionen oder Krebs: Krankheiten mit chronischen Entzündungen sind weiter auf dem Vormarsch. Etwa jeder Zehnte ist mittlerweile davon betroffen. Sogenannte inflammatorische Prozesse im Körper spielen bei so gut wie jeder Erkrankung eine Rolle. Mit der richtigen Ernährung können Sie etwas dagegen tun, ohne ein Risiko einzugehen. Unerwünschte Effekte sind dabei kaum zu befürchten. Im Gegenteil: Selbst zubereitete natürliche Lebensmittel können wie Medizin wirken und oftmals sogar Medikamente ersetzen. So wird Essen zur wirksamen Waffe für starke Abwehrkräfte – und hat dabei zahlreiche höchst erwünschte „Nebenwirkungen". Wir können damit nicht nur Entzündungen eindämmen, sondern auch unser Wohlbefinden verbessern, uns fit halten, uns vor Infekten schützen, Übergewicht abbauen und länger jung bleiben.

IN KLEINEN SCHRITTEN ZUM ERFOLG

Schwere chronische Krankheiten lassen sich zwar nicht allein dadurch heilen, dass Sie Ihre Ernährung umstellen. Selbstverständlich müssen Sie sich zusätzlich in ärztliche Behandlung begeben, doch das Begleitprogramm haben Sie selbst in der Hand. Dabei lohnt jeder Schritt. In vielen kleinen Etappen werden Sie Großes erreichen, um chronisch entzündliche Prozesse zu stoppen, die oft schmerzhaften Folgen zu lindern oder Krankheiten von vornherein zu verhindern. Dabei gilt: gewusst wie! Es gibt Lebensmittel, die alles noch schlimmer machen, und andere, die wirklich helfen. In unseren Rezepten haben wir die Top-Entzündungshemmer verarbeitet, damit Ihre Ernährungsumstellung ein Genuss wird und leicht umzusetzen ist. Gekocht wird mit Zutaten, für die keine umständlichen Einkaufstouren nötig sind, und auch in der Küche hält sich der Aufwand in Grenzen. Blättern Sie ruhig mal durch, bevor Sie loslegen. Sie werden sehen: Es gibt auch mal die heiß geliebten Spaghetti als Teil eines Gemüsegerichts. Fleisch wird nicht verboten, sondern gesund verpackt. Ein Müsli mit Quark sättigt besser als jedes Marmeladenweißbrot. Und Kuchen schmeckt auch mit Nüssen und Roter Bete.

Wir wünschen Ihnen einen guten Appetit!

WARUM WIR UNS ANTIENTZÜNDLICH ERNÄHREN SOLLTEN

Chronische Entzündungen entstehen oft durch einen schlechten Lebensstil, sie verursachen fiese Beschwerden und können zu schwerwiegenden Krankheiten führen. Trotzdem ist noch lange nicht alles verloren, es gibt auch eine gute Nachricht. Wir können viel tun: Nämlich unsere Ernährung umstellen, schädliche Prozesse stoppen – und uns genussvoll wieder gesund essen.

Wäre es nicht wunderbar, wenn es eine Medizin gäbe, die gleich mehrere Krankheiten bekämpfen kann und uns nebenbei schlanker und fitter macht? Solche Wundermittel können wir uns tagtäglich selbst kreieren, indem wir uns in die Küche stellen und vor allem frisches Gemüse zubereiten. Denn unser Essen liefert nicht nur Energie, sondern hat auch einen großen Einfluss auf unsere Gesundheit. Sie können Lebensmittel nutzen, um Schmerzen bei Arthrose zu lindern, die Menge der Medikamente bei rheumatoider Arthritis zu reduzieren, Darmerkrankungen zu bekämpfen, das Herz zu schützen, die Atemwege zu stärken oder eine Fettleber zu verhindern. Unsere Ernährung hängt sehr eng mit unserem Wohlbefinden zusammen. Ist es dabei wirklich möglich, sich regelrecht gesund zu essen?

BALD IN DEN BIOLADEN STATT IN DIE APOTHEKE

Ja, das funktioniert. Entzündungshemmende Stoffe aus natürlichen Lebensmitteln können in vielen Fällen ähnlich wirksam sein wie Medizin. Mit dem, was wir essen, können wir uns vor zahlreichen Zivilisationskrankheiten schützen, manche können wir sogar heilen. Ob sie die Gelenke, die Haut, die Organe oder die Knochen betreffen, chronisch entzündliche Erkrankungen haben eines gemeinsam: Sie lassen sich immer über die Ernährung beeinflussen. Leckere anti-inflammatorische „Medizin" gibt es in der Gemüseabteilung des Supermarkts, auf dem Wochenmarkt oder im Bioladen. Abwechslungsreiche Rezepte zur Zubereitung finden Sie in diesem Buch. Gemüse, Obst, wertvolle Fettsäuren aus pflanzlichen Ölen, naturbelassene Nüsse und Samen allein können chronische Krankheiten zwar nicht in jedem Fall besiegen, aber sie sind in der Lage, entzündlichen Prozessen die Basis zu entziehen. Außerdem kann man mit den Top-Entzündungshemmern in vielerlei Hinsicht Pluspunkte auf seinem Gesundheitskonto sammeln. Wer sie häufig auf den Teller bringt, wird sich bald besser fühlen, mehr Energie haben, wacher sein, bessere Blutwerte vorweisen, einige überschüssige Pfunde loswerden und bestenfalls noch ein paar Lebensjahre gewinnen. Wundern Sie sich nicht, wenn Sie künftig vielleicht lieber in den Bioladen gehen als in die Apotheke. Aber der Reihe nach.

NÜTZLICHE SCHUTZREAKTION DES IMMUNSYSTEMS

Warum kommt es eigentlich zu Entzündungen? Auch wenn sie bedrohlich sind, haben sie erst einmal etwas Gutes. Denn sie sind dazu da, den Körper zu schützen. Und das ist auch dringend nötig, denn wir werden ständig angegriffen. Ob Viren, Bakterien oder Schadstoffe – das körpereigene Immunsystem ist immer in Alarmbereitschaft und versucht, alles abzuwehren, was der Organismus nicht gebrauchen kann. Meistens bekommen wir davon zum Glück gar nichts mit. Denn eine gesunde körpereigene Abwehr ist auf Zack und erledigt ihren Job schnell und schmerzlos. Doch manchmal muss sie andere Geschütze auffahren und setzt sich mit Entzündungen zur Wehr. Dieser im Fachjargon auch „Inflammation" genannte Vorgang entsteht aus einer Vielzahl fein abgestimmter immunologischer Prozesse, die ineinander greifen.

HILFE BEI HOLZSPLITTERN UND INSEKTENSTICHEN

Stellen Sie sich vor, Sie haben sich einen Holzsplitter eingezogen. Er bleibt erst einmal unbemerkt oder lässt sich nicht so einfach entfernen. Das ruft das Immunsystem auf den Plan. Es bildet ein eitriges Sekret aus Bakterien und weißen Blutkörperchen und verhindert damit, dass Krankheitserreger in den Blutkreislauf gelangen. Eine solche lokale Entzündungsreaktion ist zwar unangenehm, aber effektiv. Auch gegen Erkältungsviren hat die körpereigene Abwehr ein spezielles Programm. Sie lässt die Schleimhäute in Nase und Rachen anschwellen und die Nase triefen. Ein anderes Beispiel sind Insektenstiche. Danach wird die Haut an der Einstichstelle rot, heiß oder schwillt sogar an, denn das Immunsystem sorgt dafür, dass genau diese Stelle jetzt besser durchblutet wird. Die meisten kennen

akute Entzündungen als Krankheiten – wie zum Beispiel eine Mandel-, Bindehaut- oder Blasenentzündung. Nicht zu vergessen: Auch äußere Reize wie Sonnenlicht (Sonnenbrand), Kälte (als Auslöser von Erfrierungen) oder starke Hitze (Verbrennungen an der heißen Herdplatte) können Entzündungen hervorrufen. In der Regel ist dieser Spuk nach ein paar Tagen vorbei.

CHRONISCHE ENTZÜNDUNGEN ENTSTEHEN SEHR LANGSAM

Bei chronischen Entzündungen ist das anders. Sie entstehen sehr langsam, bekämpfen keine Holzsplitter und keine Insektenstiche, sondern können auch Gelenke, die Haut oder Organe treffen – beispielsweise den Magen, den Darm oder die Lunge. Der natürliche Abwehrprozess wird dabei überfordert. Eindeutige Auslöser lassen sich meist nicht finden. In einigen Fällen stecken Autoimmunerkrankungen oder Krankheitserreger dahinter. Auch überschüssiges Bauchfett, das sich in der Körpermitte zwischen den Organen ansiedelt, kommt als Ursache infrage. Denn dieses sogenannte viszerale Fett verhält sich anders als „normales" Fett an den Armen, am Gesäß oder an den Beinen. Bauchfett arbeitet wie eine eigene Hormondrüse. Es produziert gefährliche Entzündungsbotenstoffe und schickt sie in den ganzen Körper. Unter anderem kann so der Blutzuckerhaushalt gestört werden, eine Insulinresistenz und Diabetes Typ 2 können die Folgen sein. Das viszerale Fett reagiert dabei extrem sensibel auf Stress, der von Hormonen wie Cortisol, Adrenalin oder Noradrenalin ausgelöst wird.

BLUTTESTS UND ULTRASCHALL: DIAGNOSE IN DER ARZTPRAXIS

Ärztinnen und Ärzte können mehr herausfinden, wenn der Verdacht auf Entzündungen im Körper besteht. Bei einer Blutuntersuchung zeigen sich Veränderungen: So ist zum Beispiel die Anzahl der weißen Blutkörperchen (Leukozyten) erhöht. Der Körper bildet vermehrt sogenannte C-reaktive Proteine (CrP), die die Aufgabe haben, die Menge der Fresszellen (Makrophagen) zu erhöhen. Bildgebende Verfahren wie Röntgen oder Ultraschall liefern Informationen über den Zustand verschiedener Organe oder Gelenke; damit lassen sich unterschwellige Entzündungen aber nicht erkennen. Bestehen die Entzündungen über einen längeren Zeitraum und auf hohem Niveau, kann das fatale Folgen haben. Welcher Mechanismus genau dahintersteckt, ist je nach Krankheit unterschiedlich. Es gibt aber Faktoren, die bei allen Erkrankungen auftreten: Entzündungsfördernde Moleküle (Zytokine) werden freigesetzt. Zellen geraten aus dem Gleichgewicht; die schädlichen sogenannten freien Radikale nehmen Überhand und lösen ungünstige Kettenreaktionen (oxidativen Stress) aus. Außerdem breiten sich bestimmte Immunzellen aus, die dem Organismus schaden statt nützen.

Chronische Entzündungen können verschiedene Krankheiten auslösen beziehungsweise vorhandene verschlimmern. Hier einige Beispiele:

VON ARTHROSE ÜBER HERZ UND HAUT BIS DEPRESSIONEN

* Wenn die Gelenkknorpel zwischen den Knochen abnutzen, reibt irgendwann Knochen auf Knochen. Das Gewebe wird beschädigt und zieht schmerzhafte Entzündungen nach sich. Ärztin oder Arzt diagnostizieren eine **Arthrose**. Auch wenn es sich dabei „nur" um lokale Entzündungen handelt, steigt das Risiko, dass daraus chronische Entzündungen im ganzen Körper werden. In manchen Fällen schreitet eine Arthrose so weit fort, dass Gelenke ersetzt werden müssen.

* Bei der Autoimmunerkrankung **Rheumatoide Arthritis** greift die körpereigene Abwehr Gelenke an. Die fehlgeleiteten Immunzellen wandern ins Gewebe und bilden dort entzündungsfördernde Substanzen. In manchen Fällen attackieren sie auch Blutgefäße, was das Risiko für Herz-Kreislauf-Erkrankungen erhöht.

* Ob Morbus Crohn oder Colitis ulcerosa – bei **chronisch entzündlichen Darmerkrankungen** kommt es oftmals zu starken Schmerzen, Verdauungsproblemen und anderen Symptomen. Dahinter steckt in den meisten Fällen ein verändertes Mikrobiom. Dazu muss man wissen, dass in einem gesunden Darmmilieu Billionen Mikroorganismen leben, die unter anderem entzündungshemmende Stoffe produzieren. Geht die Vielfalt an Bakterienarten verloren, setzen sich inflammatorische Prozesse in Gang. Die Darmwände können durchlässiger werden, sodass Darmbakterien auch in anderen Bereichen weitere Entzündungen auslösen.

* In den Blutgefäßen bilden sich vermehrt Ablagerungen aus Fett, kleinen Blutgerinnseln, Kalk und Bindegewebe (Arteriosklerose), die die Gefäße verstopfen und das Risiko für **Herz-Kreislauf-Erkrankungen** wie Herzinfarkt und Schlaganfall erhöhen. Chronische Entzündungen führen dazu, dass der Körper vermehrt Zytokine produziert, also Botenstoffe, die gebildet werden, wenn das Immunsystem reagiert. Sie regulieren das Wachstum von Zellen und locken Zellen an, die Ablagerungen in den Gefäßwänden fördern.

* Chronische Entzündungen können die Insulinresistenz fördern und damit **Diabetes Typ 2** begünstigen. Denn stark zuckerhaltiges Essen lässt die Zahl bestimmter ungünstiger Immunzellen im Blut ansteigen. Unterschwellige Entzündungen senken zudem die Empfindlichkeit gegenüber dem Hormon Insulin, das im Körper die Aufgabe hat, den Blutzuckerspiegel in der Balance zu halten. Übergewicht gilt als Hauptursache für die Zuckerkrankheit, die wiederum weitere Erkrankungen und Beschwerden verursacht.

SO GREIFT SCHLECHTES ESSEN AN

Aus der modernen Forschung ist bekannt: Ein ungesunder Lebensstil ist die Hauptursache für chronische Entzündungen, denn dadurch wird der Körper nicht nur einmal angegriffen, sondern ständig. Kaum jemand raucht nur eine Zigarette, verbringt lediglich einen Tag in der Woche überwiegend im Sitzen, isst nur hin und wieder ein Fertiggericht oder schläft immer gut. So steht der gesamte Organismus bei ungünstigen Gewohnheiten unter Dauerbeschuss. Und zusätzlich kann dann auch noch unser Lieblingsessen fatale Folgen haben. Das passiert zum Beispiel, wenn wir …

… ständig essen oder snacken und dem Körper keine Esspause gönnen. Die Folge: das Immunsystem ist dauerhaft aktiv und kann sich gegen „echte“ Bedrohungen schlechter wehren; stille Entzündungen werden gefördert.

… ungünstige Nährstoffe kombinieren, also zum Beispiel zu viel Zucker, schädliches Fett (Transfette), Salz, künstliche Aromen und schnell verdauliche Kohlenhydrate aus Weißmehl zu uns nehmen.

… regelmäßig Fertigpizza aus der Tiefkühltruhe, Suppen aus der Tüte, Softdrinks, Würstchen, Salami, Eiscreme oder süße Riegel vertilgen. Denn darin stecken zahlreiche Zusatzstoffe mit verschiedenen Funktionen, die das Immunsystem als Schädlinge einordnet und bekämpft.

… unsere Energie überwiegend aus Fastfood beziehen. Ob Pommes, Pizza, Burger oder Döner – in einer Studie kamen Forschende zu dem Fazit: Fastfood wirkt auf den Körper wie eine Infektionskrankheit. Schon nach drei Tagen reagiert das Gehirn auf die ungesunden Mischungen aus Fett und Zucker wie auf eine bakterielle Entzündung.

… zu viel essen. Das Risiko für Übergewicht steigt mit dem Überfluss. Wer dauerhaft zu viel zu sich nimmt, bringt Stoffwechselprozesse aus dem Gleichgewicht und fördert damit indirekt Entzündungen. Je höher das Übergewicht ist und je länger jemand zu dick ist, desto größer wird die Wahrscheinlichkeit für Begleit- und Folgeerkrankungen wie etwa Diabetes Typ 2, Fettleber oder Herzprobleme.

* Entzündliche Krankheiten, die das Immunsystem schwächen, treffen auch die **Haut**, denn sie ist ein wichtiger Teil der körpereigenen Abwehr. Wer bereits Neurodermitis, Rosazea, die Autoimmunerkrankung Psoriasis (Schuppenflechte) hat, lebt mit einem erhöhten Risiko. Ein überschießendes Immunsystem regt die Zellteilung an, sodass aus abgestorbenen Hautzellen rote schuppige Ausschläge entstehen. Langfristig können chronische Hautentzündungen auch auf die Gelenke übergreifen.

* Etwa jeder zehnte Deutsche leidet an einer chronischen Entzündung der Bronchien. Aus einer chronischen Bronchitis kann sich **COPD** (chronic obstructive pulmonary disease) entwickeln, bei der sich Schleimhäute entzünden, Atemwege verengen und die Lungenfunktion eingeschränkt wird. Luftnot und Husten sind typische Symptome. Auch bei dieser Krankheit spielen chronische Entzündungen eine Rolle.

* Neueste Studien zeigen, dass Entzündungen im Körper selbst bei **Depressionen** eine Rolle spielen können, denn sie verändern den Stoffwechsel im Gehirn. Dadurch entsteht ein Ungleichgewicht zwischen Glücks- und Stresshormonen, also zwischen Dopamin und Noradrenalin. Auch Gesunde kennen das: Hat man einen Infekt, den das Immunsystem bekämpft, fühlt man sich müde, antriebslos und zieht sich zurück. Denn zwischen der körpereigenen Abwehr und dem zentralen Nervensystem gibt es einen Zusammenhang. Bei vielen Menschen mit Depressionen lassen sich erhöhte Entzündungswerte im Blut nachweisen.

* Die Autoimmunerkrankung **Multiple Sklerose** trifft meist junge Erwachsene. Dabei richtet sich das Immunsystem gegen körpereigene Zellen und schädigt die Schutzschicht der Nervenzellen (Myelinscheiden). Es kommt zu einer chronischen Entzündung des zentralen Nervensystems. Die Folge sind Taubheitsgefühle, Sehstörungen, Lähmungen oder Probleme beim Gehen. Der Verlauf der „Krankheit mit den tausend Gesichtern" ist sehr unterschiedlich.

* Bei der **Alzheimer-Erkrankung** lagern sich winzige Eiweißstoffe im Gehirn ab und verkleben. Diese sogenannten Amyloid-Beta-Peptide stehen im Verdacht, Nervenzellen zu schädigen. Das Immunsystem reagiert darauf und versucht, diese Eiweißstoffe zu beseitigen, schafft das aber nicht, weil die Amyloid-Beta-Peptide bei Alzheimer ständig nachproduziert werden. So entsteht eine chronische Entzündung im Gehirn.

* In der Wissenschaft gibt es immer mehr Hinweise darauf, dass auch der gefürchtete Knochenschwund **Osteoporose** mit entzündlichen Prozessen zusammenhängt. Im Visier der Forschenden stehen dabei eine Reihe von pro-inflammatorischen Zytokinen, die den Knochenabbau anregen. Auch rheumatische Erkrankungen gehen mit einem Risiko für Osteoporose einher, nicht zuletzt aufgrund der Cortisongabe.

* Möglicherweise begünstigen inflammatorische Prozesse Veränderungen in der DNA – und damit steigt das Risiko für **Krebs**, insbesondere für Leber- und Darmkrebs. Auch hier sind Forschungen zufolge Zytokine im Spiel. Chronische Entzündungen gelten als Triggerfaktoren für bösartige Tumore. Etwa jede fünfte Krebserkrankung wird mit chronisch entzündlichen Prozessen in Zusammenhang gebracht.

ZU VIEL, ZU OFT, ZU UNGESUND

Mit einer gesunden Ernährung steht uns ein sehr wirkungsvolles Instrument zur Bekämpfung von entzündlichen Prozessen zur Verfügung. Leider

ANTIOXIDATIVE PFLANZENSTOFFE: ESSEN SIE BUNT

Ihre Namen sind kompliziert, aber das Gemüse und Obst, das diese Pflanzenstoffe enthält, die effektiv gegen Entzündungen wirken, kennt jeder:

- In **gelbem, grünem und rotem Gemüse und Obst** stecken wertvolle Carotinoide wie Beta-Carotin, Lykopin und Lutein.
- **Grapefruits, Orangen, Beeren** und anderes **rot-violettes Obst** enthalten Flavonoide (Polyphenole) wie Quercetin, Hesperidin und Naringenin.
- **Knoblauch, Zwiebeln** und **Frühlingszwiebeln** liefern Sulfide.
- Mit **Kohl, Sprossen und Rucola** bringen Sie Glukosinolate auf den Teller.
- **Hülsenfrüchte, Kartoffeln und Vollkornprodukte** punkten mit sogenannten Proteaseinhibitoren, die eiweißspaltende Enzyme im Darm bremsen.

wird das zu wenig genutzt. Im Gegenteil, unser Essen zählt zu den Hauptursachen für viele Erkrankungen. Wir leben schon jahrzehntelang im Überfluss. Es kommt zu viel, zu oft und dann auch noch das Falsche auf den Tisch. So machen Fertiggerichte mit schädlichen Substanzen bereits mehr als die Hälfte unserer täglichen Nahrung aus. Obwohl längst bewiesen ist, dass zum Beispiel Zucker und hochverarbeitetes Fleisch krank machen, essen wir zu viel davon.

MIT FRISCHEN UND NATURBELASSENEN LEBENSMITTELN AUF DER SICHEREN SEITE

Der Körper benötigt nicht viel. Da sind zum einen die sogenannten Makronährstoffe in Form von Kohlenhydraten, Fett und Eiweiß als Energielieferanten. Zum anderen sind Mikronährstoffe unentbehrlich, denn sie versorgen uns mit Vitaminen, Mineralstoffen und Spurenelementen. Klug zusammengesetzt tun alle Nährstoffe dem Körper etwas Gutes und bekämpfen Entzündungen, statt sie zu fördern.

Gemüse im Mittelpunkt

Im Mitelpunkt steht dabei Obst und vor allem Gemüse. Denn beides bietet neben Mikronährstoffen die wahren antientzündlichen Gesundheitsbooster in Form von sekundären Pflanzenstoffen. In der Natur schützen Pflanzen sich mit diesen Farb-, Duft- oder Aromastoffen vor Fressfeinden. Nehmen wir sie beim Essen auf, schützen auch wir uns damit – unter anderem vor Entzündungen. Denn sekundäre Pflanzenstoffe wirken antioxidativ (also neutralisierend auf schädliche freie Radikale) und antibakteriell (also hemmend auf Bakterien). Dazu gehören zum Beispiel Carotinoide, Flavonoide und Glucosinolate (siehe Kasten Seite 212). Unter den Mikronährstoffen ragen die Vitamine C und E sowie Beta-Carotin (Vorstufe von Vitamin A) heraus. Sie sind ebenso wie die Spurenelemente Chrom, Zink und Selen essenziell für bestimmte Enzymsysteme im Stoffwechsel, die antioxidativ und damit entzündungshemmend wirken. Um bei diesen Supernährstoffen auf die richtige Menge zu kommen, sind Nahrungsergänzungsmittel nicht nötig. Orientieren Sie sich einfach an dieser Faustregel: Essen Sie jeden Tag 400 bis 500 Gramm frisches buntes Gemüse oder Salat und 100 bis 125 Gramm zuckerarmes Obst, zum Beispiel Beeren, Zitrusfrüchte oder säuerliche Äpfel. Bei süßen Früchten wie Birnen, Bananen oder Weintrauben sollten Sie sich zurückhalten, da der darin enthaltene Fruchtzucker das Risiko für verschiedene Zivilisationskrankheiten erhöhen kann. Zudem sind Nüsse und Samen wegen ihrer wertvollen Nährstoffe empfehlenswert.

Pflanzliches Protein

Bei Eiweiß denken wir meist an tierische Quellen. Milch, Eier, Käse, Fleisch, Geflügel und Co. liefern zwar Protein, das der menschliche Körper gut verwerten kann, doch bei einer antientzündlichen Ernährung sollte man nur möglichst wenig tierische Produkte auf den Teller bringen. Als Eiweißlieferanten eignen sich pflanzliche Quellen deshalb besser – beispielsweise Hülsenfrüchte, Nüsse, Gemüse, Samen oder Getreideflocken über den Tag verteilt. Und nicht nur das: Pflanzliches Eiweiß punktet zusätzlich mit Ballaststoffen, Vitaminen, gesunden Fetten und komplexen Kohlenhydraten.

Fett aus Ölen und Nüssen

Fett steht nicht auf der Verbotsliste. Im Gegenteil: Der Makronährstoff ist ein bedeutender Energielieferant und unentbehrlich für den Stoffwechsel.

Wichtig ist aber, dass Sie auf die Qualität achten. Die meisten ungesättigten Omega-3-Fettsäuren wirken antientzündlich. Verwenden Sie einen guten Mix aus überwiegend pflanzlichen Ölen wie Raps-, Oliven- oder Leinöl. Fett aus tierischen Produkten wie Butter, Sahne, Wurst oder Fleisch enthält gesättigte Fettsäuren, die nur in sehr kleinen Mengen auf einen gesunden Speiseplan sollten. Unbedingt meiden sollten Sie sogenannte Transfette aus industriell verarbeitetem Fertigessen. Eine Handvoll Nüsse pro Tag liefert hochwertige Fettsäuren, Selen, Zink und Co.

Komplexe Kohlenhydrate

Brot, Pizza, Nudeln und Co. aus Weißmehl bzw. Hartweizen gehören für viele selbstverständlich zur täglichen Nahrung. Die schnell verdaulichen Kohlenhydrate schmecken und liefern sofort Energie. Doch sie lassen den Blutzuckerspiegel stark ansteigen und schnell wieder abfallen, was Heißhunger und das Verlangen nach mehr auslöst. Besser sind die sogenannten komplexen Kohlenhydrate aus Vollkornprodukten, Hülsenfrüchten und Gemüse. Sie liefern ebenfalls Energie, gehen aber nur langsam ins Blut, sättigen gut und halten den Blutzucker in der Balance.

DARAUF SOLLTEN SIE VERZICHTEN

Dass Schokolade, Sahnebonbons und Zimtschnecken keine Gesundheitsbooster sind, haben wir schon als Kind gelernt. Dass aber auch Vitaminsäfte schaden können, die als Fitnessgetränke für Sportler beworben werden, ist sehr viel weniger bekannt. Ebenso die Tatsache, dass nicht jeder Joghurt top ist und weder Weißbrot noch Salami auf einen gesunden Teller gehören. Mit Rücksicht auf Ihre Gesundheit sollten Sie diese Lebensmittel weitgehend von Ihrem Speiseplan verbannen, da sie entzündliche Prozesse befeuern.

Zucker

Weißer Haushaltszucker und zuckerhaltige Lebensmittel bringen den Insulinspiegel aus dem Gleichgewicht, machen heißhungrig und können zu Übergewicht führen. Ein hoher Zuckerkonsum steht Studien zufolge mit erhöhten Entzündungsmarkern im Blut im Zusammenhang.

Schweinefleisch und Wurstwaren

Vor allem Schweinefleisch enthält Arachidonsäure, die leicht in gesundheitsschädliche Botenstoffe umgewandelt wird und Entzündungsprozesse fördert. Das gilt auch für verarbeitete Wurstwaren wie Salami, Schinken oder Bratwurst.

Süße Säfte

Ob Wellnessdrink, Smoothie oder Fruchtsaft – verzichten Sie auf solche Getränke oder trinken Sie sie wirklich nur in Ausnahmefällen. Denn der darin enthaltene Fruchtzucker (Fruktose) gelangt aus dem Dünndarm direkt in die Leber, fördert eine Fettleber mehr als andere Zuckerarten und stört weitere wichtige Stoffwechselprozesse.

Weißmehlprodukte

Während die Gefahren von Zucker weitgehend bekannt sind, weiß kaum jemand, dass auch raffiniertes Weißmehl und die entsprechenden Produkte zu den entzündungsfördernden Nahrungsmitteln zählen. Häufig werden sie noch mit Transfetten und Zucker verarbeitet. Die in Weißmehl enthaltenen leicht verdaulichen Kohlenhydrate lassen den Blutzucker schnell ansteigen und verursachen ein Auf und Ab. Das fördert dann wieder Heißhunger.

Alkohol

Wer regelmäßig Alkohol trinkt, riskiert Entzündungen im ganzen Körper; häufig kommt es dadurch zu Leberschäden. Verzichten Sie am besten ganz auf das Zellgift, denn alkoholische Getränke sind ab dem ersten Tropfen schädlich. Es gibt keine gesunden Mengen.

Transfette

Sie entstehen beim Frittieren oder bei der Herstellung von vielen Fertiggerichten, Süßigkeiten, Chips und Co. Transfette sind hoch verarbeitet und haben entzündungsfördernde Eigenschaften. Um die gehärteten Transfette zu vermeiden, sollten Sie so wenig Fertigprodukte wie möglich essen und häufig selbst kochen.

Verarbeiteter Joghurt

Ein Naturjoghurt ist vor allem dank seiner probiotischen Kulturen nicht entzündungsfördernd. Das kann sich aber schnell ändern, wenn Sie zu Joghurtvarianten mit Zucker oder künstlichen Aromastoffen greifen. Achten Sie deshalb auf die Zutatenliste und wählen Sie einen Joghurt ohne Zusatzstoffe.

UNSERE BESTEN LEBENSMITTEL GEGEN ENTZÜNDUNGEN

Auf die Vielfalt kommt es an. Top-Lebensmittel gegen entzündliche Prozesse im Körper liefern wertvolle Fettsäuren, schützende sekundäre Pflanzenstoffe, hochwertiges Eiweiß und reichlich Ballaststoffe. Mit ihrer Power können sie Entzündungsprozesse stoppen. Bringen Sie sie möglichst oft auf den Teller. Damit das gelingt, kommen sie auch in unseren Rezepten häufig vor.

LEINÖL

Das hochwertige Öl aus Leinsamen besteht zum Großteil aus der dreifach ungesättigten Fettsäure Alpha-Linolensäure, welche die entzündungsfördernde Arachidonsäure neutralisieren kann und den Ausgangsstoff für sogenannte Eikosanoide schafft. Das sind hormonähnliche Substanzen, die aus mehrfach ungesättigten Fettsäuren gebildet werden. Wichtig zu wissen: Leinöl gehört nur in die kalte Küche; beim Braten können schädliche Transfettsäuren entstehen.

MANDELN

Es sind die gesunden Fettsäuren, wertvollen Ballaststoffe und pflanzlichen Proteine, die die kleinen Powerpakete zur wirksamen Waffe gegen Entzündungen machen. Dank Magnesium, Zink und Selen haben Mandeln eine antioxidative Wirkung. Das gilt übrigens auch für Walnüsse, Haselnüsse, Pistazien sowie bestimmte Kerne und Samen. Wegen des hohen Kaloriengehalts sollten Sie nicht mehr als eine Handvoll Nüsse (30–40 g) täglich essen.

SCHWARZE JOHANNISBEEREN

Ihre Farbe gibt ihnen Superkräfte. Schwarze Johannisbeeren enthalten Flavonoide, Anthocyane (verantwortlich für die dunkle Farbe), Vitamin C und andere Antioxidanzien. Diese Verbindungen können dazu beitragen, oxidative Stressreaktionen im Körper zu reduzieren, freie Radikale zu neutralisieren und inflammatorische Prozesse zu bremsen. Auch andere Beeren, insbesondere Blau- oder Brombeeren, punkten mit diesen Eigenschaften. Dabei gilt: Je dunkler die Früchte, desto mehr Anthocyane stecken drin.

PAPAYAS

Das tropische Superfood mit dem mild-süßlichen Geschmack gehört zur Top-Riege der entzündungshemmenden Früchte. Sein Erfolgsgeheimnis ist der Inhaltsstoff Papain – ein eiweißspaltendes Enzym, das gegen Entzündungen, Schmerzen und Juckreiz wirkt und zusätzlich auch die Verdauung fördert und die Fettverbrennung ankurbelt. Ebenfalls reichlich in Papayas vorhanden: antioxidative Polyphenole. Dafür kaum enthalten: kritischer Fruchtzucker.

ROTE PAPRIKASCHOTEN

Die Vitamin-C-Bombe ist der Klassiker unter den antientzündlichen Lebensmitteln. Sie schmeckt den meisten, enthält Farbstoffe, die Entzündungen im Körper eindämmen, und hemmt schädliche Botenstoffe. Zusätzlich kann sie mit Beta-Carotin, Kalium und Magnesium punkten. Das Nachtschattengewächs ist außerdem reich an Ballaststoffen und fördert die Verdauung. Viele vertragen sie besser gegart, Paprikaschoten schmecken aber auch roh.

WILDFRÜCHTE

Wildfrüchte wie Hagebutten und Sanddorn wachsen vielerorts am Wegesrand. Hagebutten kennen wir meist als Tee oder Mark. Das Pulver wird aus den Samen und Schalen der Frucht gewonnen und enthält Galaktolipide, die möglicherweise den Knorpelabbau bremsen und gegen Arthroseschmerzen helfen. Sanddornbeeren schmecken roh sehr sauer. Sie entfalten ihre antientzündliche Wirkung aber auch als Saft, Tee, Sirup oder als Öl auf der Haut. In Tierversuchen zeigte sich, dass Sanddorn die Menge von schädlichen Hormonen reduzieren kann, die Entzündungen auslösen – zum Beispiel Cortisol und Interleukin-Beta, das zu den Zytokinen gehört.

TOMATEN

Sie gehören zu den Lieblingsfrüchten der Deutschen und sind die Hauptzutat in vielen Gerichten. Mit wenig Kalorien bei hoher Nähstoffdichte gelten Tomaten nicht nur als Schlankmacher, sie enthalten auch den sekundären Pflanzenstoff Lykopin, ein Wundermittel gegen freie Radikale und entzündliche Prozesse. Er ist aus erhitzten Produkten wie etwa Tomatenmark übrigens noch besser für den Körper verfügbar! Die roten Früchte halten zudem die Darmflora gesund.

MATCHA-TEE

Das japanische Grünteepulver enthält viele gesundheitsfördernde Inhaltsstoffe. Dazu gehören unter anderem B-Vitamine, Kalium, Kalzium, Magnesium und sekundäre Pflanzenstoffe, darunter ein Anthocyan mit dem komplizierten Namen Epigallocatechingallat, kurz EGCG. Forschende am Max-Delbrück-Centrum in Berlin entdeckten, dass dieser Stoff die Zahl freier Radikaler reduzieren und oxidativen Stress lindern kann. Auf diese Weise wirkt er auch entzündungshemmend.

SOJAPRODUKTE

In Asien gehören sie zu den Grundnahrungsmitteln und auch bei uns werden sie immer beliebter. Zu einer pflanzenbasierten Ernährungsweise passen Sojaprodukte als Fleischersatz. Ob Tofu, Sprossen, Sojadrink oder Tempeh (ein traditionelles Fermentationsprodukt aus Indonesien) – im Gegensatz zu Fleisch enthält Soja Antioxidanzien, die gegen Entzündungen wirken. Auch Zink und sekundäre Pflanzenstoffe stärken die Gesundheit. Sojaprodukte sind als Vertreter der Hülsenfrüchte zudem gute Pflanzenproteinquellen.

GRÜNKOHL

Grünkohl gilt zu Recht als heimisches Superfood. Er liefert unter anderem Vitamin C, Carotinoide, Kalzium, Eisen und Vitamin K. Wie andere Kohlsorten punktet er auch mit dem Senföl Sulforaphan, das möglicherweise das Tumorwachstum bei Krebs hemmt. Tipp: Wir kennen Grünkohl meist sehr lange gegart zu Würstchen oder Kassler. Es geht aber auch anders – zum Beispiel in Rohkostgerichten, als Salat oder leicht gedünstet als Gemüse, um wertvolle Nährstoffe zu erhalten.

FRÜHLINGSZWIEBELN

Die dünnen Frühlingszwiebeln sind nicht so scharf wie andere klassische Speisezwiebeln, enthalten aber viel mehr Vitamin C. Mit ihren gesundheitsfördernden Schwefelverbindungen, den Sulfiden, unterstützen sie den Organismus bei der Bekämpfung von stillen Entzündungen, Magen-Darm-Infekten, Erkältungen und Husten. Der sekundäre Pflanzenstoff Allicin hat keimtötende Eigenschaften. Er ist übrigens auch in anderen Zwiebeln und Knoblauch enthalten.

FRÜHSTÜCK

Zum Frühstück ein Schutzschild: Legen Sie sich schon morgens mit fruchtigen Overnight Oats, Tofu-„Rührei“ oder vitalstoffreichen Smoothies eine Power-Food-Hülle aus gesunden, entzündungshemmenden Lebensmitteln zu!

BUCHWEIZEN-ZITRUS-BOWL MIT SKYR UND WALNÜSSEN

1. Den Buchweizen in einem Sieb abbrausen und in einem Topf mit ½ l Wasser, der Zimtstange und 1 Prise Salz einmal aufkochen. Dann die Hitze reduzieren und den Buchweizen mit geschlossenem Deckel bei schwacher Hitze 15 bis 20 Minuten weich garen. Dann abgießen und offen abkühlen lassen, die Zimtstange wieder entfernen.

2. Inzwischen die Grapefruit und die Orange so großzügig schälen, dass auch die weiße Haut mit entfernt wird. Die Filets zwischen den einzelnen Trennhäuten herausschneiden, den austretenden Saft (ca. 100 ml) auffangen und den Rest jeweils gut ausdrücken.

3. Die Walnüsse grob hacken und in einer Pfanne ohne Fett hell anrösten, bis sie leicht gebräunt sind und duften. Die Nüsse herausnehmen und abkühlen lassen. Den Skyr mit 4 EL aufgefangenem Zitrussaft cremig verrühren.

4. Zum Servieren den Buchweizen auf Schalen (Bowls) verteilen und den Skyr und die Zitrusfilets daraufsetzen. Mit dem restlichen aufgefangenen Zitrussaft und je 1 TL Honig beträufeln. Zuletzt mit den Walnüssen und Granatapfelkernen bestreuen.

Für 2 Personen
Zubereitung: 30 Minuten

80 g Buchweizen
½ Zimtstange
Salz
1 rosa Grapefruit
1 Orange
20 g Walnusskerne
250 g Skyr natur (max. 0,5 % Fett)
2 TL flüssiger Honig
2 EL Granatapfelkerne (aus dem Kühlregal oder tiefgekühlt und aufgetaut)

Pro Portion: ca. 430 kcal, 21 g EW, 8 g F, 60 g KH, 5 g BST

Die Ernährungs-Docs

Mit Zitrusfrüchten zum Frühstück starten Sie gesund in den Tag! Orange, Grapefruit und Co. liefern reichlich antientzündliches Vitamin C. Grapefruits punkten zudem mit dem Bitterstoff Naringin, der den antioxidativen und damit entzündungshemmenden Effekt noch verstärkt. Bitte beachten: Naringin kann die Wirkung bestimmter Medikamente ungünstig beeinflussen! Im Zweifel sollten Sie mit Ihrer Hausärztin oder Ihrem Hausarzt besprechen, ob bei Ihnen etwas gegen den Genuss von Grapefruits spricht.

OVERNIGHT-SCHOKO-OATS

1. Am Vorabend die Haferflocken mit den Chiasamen sowie den Amarant- oder Quinoaflocken in einer Schüssel gut mischen. Mandelmus, Kakaopulver und Sojadrink mit einem Schneebesen verrühren. Den Schoko-Drink über die Flockenmischung gießen und alles gründlich mischen. Die Oats auf Schalen oder große Gläser (à ca. 400 ml) verteilen und im Kühlschrank abgedeckt 6 bis 8 Stunden, am besten über Nacht, quellen lassen.

2. Am nächsten Morgen die Nektarine waschen, halbieren, entsteinen und in grobe Stücke schneiden. In einem hohen Rührbecher mit dem Stabmixer glatt pürieren. Das Fruchtpüree auf den Oats verteilen.

3. Zum Servieren die Himbeeren verlesen, waschen und trocken tupfen. Die Minze waschen und trocken tupfen. Die Oats mit Himbeeren und Minzeblättern garnieren.

★ Zum Mitnehmen die Overnight Oats am besten in einem Twist-off-Glas über Nacht einweichen. Am nächsten Morgen mit Fruchtpüree, Beeren und Minze toppen und mit dem Schraubdeckel gut verschließen.

Für 2 Personen
Zubereitung: 15 Minuten
Quellen: 8 Stunden (über Nacht)

60 g zarte Haferflocken
10 g Chiasamen
40 g Amarant- oder Quinoaflocken
1 EL dunkles Mandelmus
2 TL Kakaopulver (schwach entölt)
300 ml ungesüßter Sojadrink
1 große reife Nektarine
80 g Himbeeren
4–6 Minzeblätter

Pro Portion: ca. 400 kcal,
17 g EW, 15 g F, 40 g KH, 12 g BST

MÖHREN-APFEL-OVERNIGHT-MÜSLI

1. Am Vorabend die Möhre putzen, schälen und auf der Gemüsereibe fein raspeln. Den Apfel waschen, vierteln und entkernen. Ein Apfelviertel abgedeckt oder in Frischhaltefolie gewickelt in den Kühlschrank legen, den Rest grob raspeln. Die Cranberrys grob hacken.

2. Möhre, Apfel und Cranberrys mit Mehrkornflocken, Hagebuttenpulver, Zimt und Buttermilch in einer Schüssel gut mischen und im Kühlschrank abgedeckt 6 bis 8 Stunden, am besten über Nacht, ruhen lassen.

3. Am nächsten Morgen den Joghurt unterrühren und das Müsli auf Schalen verteilen. Das beiseitegelegte Apfelviertel in dünne Spalten schneiden und darauf anrichten.

4. Zum Servieren alles mit dem Honig beträufeln und mit dem Kerne-Mix und den Kakao-Nibs bestreuen.

Die Ernährungs-Docs

Der Clou bei diesem Müsli ist das Hagebuttenpulver, das vor allem als Hausmittel bei Arthrose bekannt ist (siehe Seite 16). Verantwortlich für seine antientzündliche Wirkung sind Galaktolipide, die Botenstoffe im Entzündungsprozess hemmen. 5 Gramm Hagebuttenpulver pro Tag helfen nachweislich bei Gelenkschmerzen. Mit seinem hohen Vitamin-C-Gehalt stärkt das Pulver zudem die Abwehrkräfte.

Für 2 Personen
Zubereitung: 15 Minuten
Quellen: 8 Stunden (über Nacht)

1 Möhre
1 säuerlicher Apfel (z. B. Elstar)
1 EL getr. Cranberrys
80 g kernige Mehrkornflocken (z. B. Dinkel, Gerste, Hafer, Roggen)
2 TL Hagebuttenpulver (aus dem Bioladen)
½ TL Zimtpulver
200 ml reine Buttermilch (1,5 % Fett)
200 g Joghurt (1,5 % Fett)
2 TL flüssiger Honig
2 EL Salatkerne-Mix (z. B. Kürbis-, Pinien- und Sonnenblumenkerne)
2 TL Kakao-Nibs (roh)

Pro Portion: ca. 420 kcal, 16 g EW, 12 g F, 55 g KH, 10 g BST

BEERENMÜSLI NACH BIRCHER ART

1. Am Vorabend die Kirschen grob hacken. Mit Haferflocken, Vanille und Joghurt in einer Schüssel verrühren und im Kühlschrank abgedeckt etwa 8 Stunden, am besten über Nacht, quellen lassen.

2. Am nächsten Morgen den Apfel waschen, vierteln und entkernen. Die Apfelviertel auf der Gemüsereibe grob raspeln und sofort mit dem Zitronensaft mischen, damit sie sich nicht bräunlich verfärben. Haselnüsse grob hacken. Beeren verlesen, waschen und trocken tupfen, die Johannisbeeren von den Rispen zupfen.

3. Zum Servieren die Apfelraspel, 30 g Nüsse, die Hälfte der Beeren und 1 EL Apfeldicksaft unter die Flocken-Joghurt-Mischung rühren. Das Müsli auf Schalen verteilen und die restlichen Beeren und Nüsse daraufsetzen. Mit dem übrigen Apfeldicksaft beträufeln.

★ Für eine vegane Variante können Sie statt des Kuhmilchjoghurts eine ungesüßte Joghurtalternative auf Soja- oder Kokosbasis verwenden.

Für 2 Personen
Zubereitung: 25 Minuten
Quellen: 8 Stunden (über Nacht)

30 g getr. Sauerkirschen
50 g zarte Haferflocken
¼ TL gemahlene Vanille
300 g Joghurt (3,5 % Fett)
1 säuerlicher Apfel (z. B. Elstar)
1 EL Zitronensaft
40 g Haselnusskerne
250 g gemischte Beeren (z. B. Blau-, Him- und Johannisbeeren)
2 EL Apfeldicksaft

Pro Portion: ca. 500 kcal, 14 g EW, 21 g F, 56 g KH, 8 g BST

Die Ernährungs-Docs

Mit einem ausgewogenen Mix aus komplexen Kohlenhydraten, Eiweiß, gesundem Fett und Ballaststoffen hält dieses Müsli den Blutzuckerspiegel in Balance und verhindert dauerhaft erhöhte Blutzuckerwerte. Diese können stille Entzündungen im Körper anfeuern und den Stoffwechsel dauerhaft belasten. Das Plus: Beeren und Sauerkirschen enthalten reichlich Antioxidanzien und wirken effektiv gegen Entzündungsprozesse.

SELBST GEBACKENES GRANOLA MIT SAUERKIRSCHEN

Für 900 g (18 Portionen)
Zubereitung: 20 Minuten
Backen: 35 Minuten

100 g geschälte Mandeln
80 g Walnusskerne
80 g Haselnusskerne
80 g Cashewkerne
50 g Kürbiskerne
30 g ungeschälte Sesamsamen
300 g kernige Haferflocken
80 g Ahornsirup
2 TL abgeriebene Bio-Zitronenschale
100 ml Rapsöl
80 g getr. Sauerkirschen

Pro Portion: ca. 280 kcal,
7 g EW, 20 g F, 18 g KH, 4 g BST

1. Den Backofen auf 200 °C vorheizen. Ein Backblech mit Backpapier belegen.

2. Mandeln, Wal- und Haselnüsse sowie Cashew- und Kürbiskerne grob hacken und in eine große Schüssel geben. Sesam, Haferflocken, Ahornsirup, Zitronenschale und Öl dazugeben und alles mit einem Kochlöffel gut mischen.

3. Den Mix gleichmäßig auf dem Backblech verteilen und im Ofen auf der 2. Schiene von unten 30 bis 35 Minuten rösten, dabei mit einem Pfannenwender mehrmals wenden. (Aufpassen, dass die Mischung nicht zu dunkel wird!)

4. Das Granola aus dem Ofen nehmen und auf dem Blech auf einem Kuchengitter vollständig abkühlen lassen. Dann die Kirschen fein hacken und unter das Granola mischen.

5. Die Nussmischung in ein großes Glas oder in eine Blechdose füllen und gut verschließen. Das Granola hält sich an einem dunklen, trockenen Ort 4 bis 6 Wochen. Zum Servieren pro Person 50 g Granola beispielsweise mit Joghurt und frischem Obst in Schalen anrichten.

Die Ernährungs-Docs

Verbannen Sie fertig gekaufte, stark zuckerhaltige Knuspermüslis aus Ihrer Küche und genießen Sie stattdessen dieses selbst gemachte, wenig gesüßte Granola! Denn wer morgens kurzkettige Kohlenhydrate isst, provoziert einen Anstieg des Blutzuckerspiegels. Das ist zweifach schädlich: Zum einen führen dauerhaft erhöhte Blutzuckerwerte zur Bildung freier Radikale und entzündungsfördernder Gewebshormone (Zytokine). Zum anderen wird bei hohem Blutzucker viel Insulin ausgeschüttet, was den Fettabbau und damit das Abnehmen behindert.

SMOOTHIE-BOWL MIT BLAUBEEREN UND SPINAT

1. Die tiefgekühlten Blaubeeren etwa 10 Minuten antauen lassen, dann in einem Topf kurz erhitzen. Inzwischen die Kokos-Chips nach Belieben in einer Pfanne ohne Fett hell anrösten. Herausnehmen und abkühlen lassen.

2. Die Walnüsse grob hacken. Den Spinat verlesen, waschen und trocken schleudern, dabei die groben Stiele entfernen. Die Mango schälen und in dünne Scheiben schneiden.

3. Blaubeeren und Spinat mit Limettensaft, Ahornsirup und Joghurt in den Mixer geben, 100 ml kaltes Wasser dazugießen und alles erst auf kleiner, dann auf höchster Stufe pürieren, bis eine glatte Creme entstanden ist.

4. Zum Servieren den Smoothie auf Schalen (Bowls) verteilen und mit Haferflocken, Walnüssen, Kokos-Chips und Mangoscheiben streifenförmig nebeneinander belegen. Die Bowl am besten kühl genießen.

Für 2 Personen
Zubereitung: 20 Minuten

200 g tiefgekühlte Wild-Blaubeeren
2 EL Kokos-Chips
30 g Walnusskerne
100 g junger Spinat
½ Mango (ca. 125 g Fruchtfleisch)
2 EL Limettensaft
2 TL Ahornsirup
400 g vegane Joghurtalternative auf Sojabasis
4 EL kernige Haferflocken

Pro Portion: ca. 375 kcal, 16 g EW, 18 g F, 30 g KH, 13 g BST

Die Ernährungs-Docs

Im Prinzip spricht nichts dagegen, tierische Produkte wie Joghurt, Quark und Co. zum Frühstück zu genießen. Wer allerdings Entzündungen im Körper eindämmen möchte, sollte öfter auf pflanzliche Produkte umsteigen. Vor allem ungesunde gesättigte Fettsäuren aus Kuhmilchprodukten können im Entzündungsgeschehen eine Rolle spielen. Ersatz bieten ungesüßte Alternativen, zum Beispiel auf der Basis von Soja oder Kokosnuss.

QUARKCREME MIT FRÜCHTEN UND NUSS-MIX

1. Den Quark mit der Milch in einer Rührschüssel glatt verrühren. Danach das Leinöl und den Honig dazugeben und so lange unterrühren, bis das Öl nicht mehr sichtbar ist.

2. Den Apfel waschen, vierteln und entkernen. Die Apfelviertel quer in dünne Scheiben schneiden und sofort mit dem Zitronensaft beträufeln, damit sie sich nicht bräunlich verfärben. Die Erdbeeren waschen, putzen und trocken tupfen, je nach Größe halbieren oder vierteln.

3. Zwei Drittel der Apfel- und Erdbeerstücke vorsichtig mit Zimt und Anis mischen, dann auf Schalen verteilen und mit Leinsamenschrot bestreuen. Die Quark-Leinöl-Creme darauf verteilen.

4. Zum Servieren die Walnüsse und Sonnenblumenkerne grob hacken und mit den restlichen Apfel- und Erdbeerstücken über die Creme streuen.

★ Wer unter Fruktoseintoleranz leidet, kann Honig, Zimt, Anis und Früchte durch Radieschen, Gurke und gehackte Kräuter ersetzen.

Für 2 Personen
Zubereitung: 10 Minuten

300 g Magerquark
4 EL Milch (1,5 % Fett)
2 EL Leinöl
2 TL flüssiger Honig
1 rotschaliger säuerlicher Apfel (z. B. Elstar)
1 EL Zitronensaft
200 g Erdbeeren
¼ TL Zimtpulver
2 Msp. gemahlener Anis
2 EL geschrotete Leinsamen
6 Walnusskerne
2 EL Sonnenblumenkerne

Pro Portion: ca. 460 kcal, 24 g EW, 24 g F, 31 g KH, 6 g BST

Die Ernährungs-Docs

Leinöl und Quark sind die ideale Basis für ein gesundes Frühstück, denn die Eiweiß-Öl-Kombination versorgt uns für viele Stunden mit Energie. Zudem punktet kalt gepresstes Leinöl mit einem hohen Gehalt an antientzündlichen Omega-3-Fettsäuren: Mit gut 55 Prozent Alpha-Linolensäure führt es die Rangliste der pflanzlichen Öle an. Rapsöl liefert im Vergleich nur etwa 10 Prozent.

QUARK-ÖL-FRÜHSTÜCK MIT ROHKOST

1. Den Quark mit Milch und Leinöl in einer Schüssel cremig verrühren. Die Radieschen putzen, waschen und in dünne Scheiben schneiden. Die Gurke schälen, längs vierteln und die Kerne mit einem Teelöffel entfernen. Die Viertel quer in etwa 1 cm breite Stücke schneiden. Die gemischten Kräuter waschen, trocken tupfen, die Blätter bzw. Spitzen abzupfen und fein hacken, dabei den Schnittlauch in feine Röllchen schneiden.

2. Radieschen, Gurke und Kräuter mischen, mit Salz und Pfeffer würzen und auf Schalen verteilen. Mit den Leinsamen bestreuen und die Quarkmasse darauf verteilen. Die Walnüsse grob hacken und mit den Sonnenblumenkernen zuletzt darüberstreuen. Nach Belieben das Frühstück mit einigen Kräuterblättern garnieren.

★ Lust auf Obst? Dann schneiden Sie anstelle des Gemüses 10 Erdbeeren und 1 großen Apfel in kleine Stücke, mischen beides mit ¼ TL Zimtpulver und verteilen alles auf Schalen. Dann das Frühstück wie beschrieben mit Quarkmasse, Walnüssen und Kernen anrichten.

Für 2 Personen
Zubereitung: 15 Minuten

300 g Magerquark
3 EL Milch (1,5 % Fett)
2 EL Leinöl
10 Radieschen
200 g Salatgurke
½ Bund gemischte Kräuter (z. B. Basilikum, Dill, Petersilie, Schnittlauch)
Salz, Pfeffer aus der Mühle
2 EL geschrotete Leinsamen
6 Walnusskerne
2 TL Sonnenblumenkerne

Pro Portion: 370 kcal, 24 g EW, 24 g F, 12 g KH, 5 g BST

Die Ernährungs-Docs

Wer morgens gern herzhaft isst, liegt mit diesem Quark-Kerne-Frühstück genau richtig. Als besonders effektive Entzündungshemmer kommen hier noch Radieschen mit in die Schüssel. Die roten Kugeln enthalten reichlich Senfölglykoside – sekundäre Pflanzenstoffe, die stille Entzündungen eindämmen können und gegen Viren und Bakterien wirken. Übrigens: Senföle, die Abbauprodukte der Senfölglykoside, sind auch verantwortlich für das scharfe Radieschenaroma, das man ebenso von anderen Kreuzblütlern wie Meerrettich oder Kresse kennt. Es gilt: je schärfer, desto gesünder!

QUINOA-NUSS-PORRIDGE MIT BIRNE

1. Die Quinoa in einem Sieb kalt abbrausen und abtropfen lassen. Die Rosinen grob hacken. Den Haselnussdrink und die Hafersahne mit 1 Prise Salz in einem Topf aufkochen.

2. Die Rosinen mit der Quinoa einstreuen und alles einmal aufkochen. Dann den Porridge mit halb geschlossenem Deckel bei schwacher Hitze etwa 20 Minuten ausquellen lassen, dabei ab und zu umrühren.

3. Inzwischen die Birne waschen, vierteln, entkernen und auf der Gemüsereibe grob raspeln. Sofort mit dem Zitronensaft beträufeln, damit sie sich nicht bräunlich verfärbt. Die Feigen abbrausen, vorsichtig trocken tupfen und in Spalten schneiden. Die Nüsse in einer Pfanne ohne Fett hell anrösten, herausnehmen und abkühlen lassen.

4. Zum Servieren Birnenraspel, Ahornsirup und Hanfsamen unter den Quinoabrei rühren und mit Vanille würzen. Den Porridge auf Schalen verteilen, die Feigen darauf anrichten und mit den Haselnüssen bestreuen.

★ Wer es morgens eilig hat, kann statt Quinoa auch Quinoaflocken für das Porridge verwenden. Sie köcheln bei milder Hitze in nur 2 bis 3 Minuten zu einem weichen Brei. Die Flocken gibt es im Biomarkt, Naturkostladen oder gut sortierten Supermarkt.

Für 2 Personen
Zubereitung: 30 Minuten

80 g helle Quinoa
1 EL Rosinen
300 ml ungesüßter Haselnussdrink (ersatzweise Mandeldrink)
100 g Hafersahne („Hafer-Cuisine“)
Salz, 1 kleine Birne
2 TL Zitronensaft
2 blaue Feigen
2 EL gehackte Haselnusskerne
1 TL Ahornsirup
1 EL geschälte Hanfsamen
¼ TL gemahlene Vanille

Pro Portion: ca. 470 kcal,
10 g EW, 21 g F, 56 g KH, 8 g BST

MANDELPORRIDGE MIT PFLAUMEN

1. Die gemahlenen Mandeln in einem kleinen Topf bei mittlerer Hitze hell anrösten, mit dem Mandeldrink ablöschen. Hafer- und Erdmandelflocken, Leinsamen und 1 Prise Salz dazugeben. Alles unter Rühren einmal aufkochen und bei mittlerer Hitze etwa 2 Minuten köcheln lassen.

2. Dann den Porridge mit geschlossenem Deckel bei schwacher Hitze etwa 10 Minuten ausquellen lassen. Dabei ab und zu umrühren.

3. Inzwischen die ganzen Mandeln grob hacken und in einer Pfanne ohne Fett hell anrösten. Herausnehmen und abkühlen lassen.

4. Die Pflaumen waschen, halbieren, entsteinen und in breite Spalten schneiden. In einer Pfanne im Rapsöl bei mittlerer Hitze etwa 2 Minuten andünsten. Mit Ahornsirup beträufeln und 1 bis 2 Minuten weiterdünsten. Anschließend vom Herd nehmen.

5. Zum Servieren die Pistazien grob hacken. Den Porridge kurz durchrühren und, falls nötig, noch 3 bis 4 EL Wasser unterrühren. Den Porridge auf Schalen verteilen und mit den Pflaumen samt Sud anrichten, zuletzt mit Mandeln und Pistazien bestreuen.

Für 2 Personen
Zubereitung: 20 Minuten

2 EL gemahlene Mandeln
½ l ungesüßter Mandeldrink
je 30 g kernige und zarte Haferflocken
2 EL Erdmandelflocken (ersatzweise gemahlene Mandeln oder Haselnusskerne)
1 EL geschrotete Leinsamen
Salz
1 EL Mandeln
250 g Pflaumen oder Zwetschgen
2 TL Rapsöl
2 TL Ahornsirup
2 TL Pistazienkerne

Pro Portion: ca. 475 kcal, 13 g EW, 27 g F, 38 g KH, 11 g BST

CHIA-MANDEL-PUDDING MIT HIMBEEREN

1. Am Vorabend den Mandeldrink in einer Schüssel mit Chiasamen und Vanille gut verrühren und etwa 10 Minuten quellen lassen. Dann die Mischung nochmals durchrühren und auf Gläser verteilen. Im Kühlschrank abgedeckt etwa 8 Stunden, am besten über Nacht, quellen lassen.

2. Am nächsten Morgen Mandeln und Sesamsamen in einer Pfanne ohne Fett hell anrösten. Vom Herd nehmen und abkühlen lassen. Die Kiwis schälen und in Spalten schneiden. Die Himbeeren verlesen, waschen und trocken tupfen.

3. Zum Servieren Joghurt und Honig glatt verrühren. Zwei Drittel der Früchte auf dem gekühlten Chiapudding verteilen, den Joghurt und das übrige Obst daraufgeben. Mit dem Mandel-Sesam-Mix und den Kakao-Nibs bestreuen.

★ Für ein Frühstück im Büro den Chia-Pudding am besten gleich in einem Twist-off-Glas quellen lassen. Am nächsten Tag mit Obst, Joghurt, Kernen und Kakao-Nibs toppen und mitnehmen.

Für 2 Personen
Zubereitung: 20 Minuten
Quellen: 8 Stunden (über Nacht)

400 ml ungesüßter Mandeldrink
50 g Chiasamen
½ TL gemahlene Vanille
1 EL Mandelblättchen
1 EL ungeschälte Sesamsamen
2 kleine Kiwis
125 g Himbeeren
200 g griech. Joghurt (5 % Fett)
1 EL flüssiger Honig
2 TL Kakao-Nibs (roh)

Pro Portion: ca. 410 kcal,
12 g EW, 24 g F, 22 g KH, 18 g BST

Die Ernährungs-Docs

Chiasamen gelten zu recht als Superfood – sie strotzen nur so vor gesunden Inhaltsstoffen. Dazu gehören neben wertvollen Vitaminen und Mineralstoffen vor allem auch Omega-3-Fettsäuren, die Herz, Gefäße und Nerven stärken und antientzündlich wirken. Wer zu wenig davon aufnimmt, erhöht sein Risiko für Entzündungen. Weil Chiasamen viele Ballaststoffe enthalten und stark aufquellen, wirken sie auch positiv auf die Verdauung und sättigen gut.

BUTTERMILCH-PANCAKES MIT BEERENQUARK

Für 2 Personen
Zubereitung: 30 Minuten

70 g Dinkel-Vollkornmehl
2 EL zarte Haferflocken
1 EL geschrotete Leinsamen
1 Msp. gemahlene Kurkuma
1 TL Weinsteinbackpulver
1 Ei (Größe M)
100 ml reine Buttermilch (max. 1,5 % Fett)
1 große Banane
½ Bio-Zitrone
250 g Magerquark
1 EL Ahornsirup
50 ml Mineralwasser (mit Kohlensäure)
125 g gemischte Beeren (z. B. Blau-, Erd- und Himbeeren)
2 EL Rapsöl

1. Mehl, Haferflocken, Leinsamen, Kurkuma und Backpulver in einer Rührschüssel mischen. Ei und Buttermilch dazugeben und alles mit einem Schneebesen gut verrühren. Die Banane schälen, grob in Stücke schneiden und mit einer Gabel zerdrücken. Das Bananenmus unter den Teig rühren und diesen etwa 10 Minuten quellen lassen.

2. Währenddessen die Zitrone heiß waschen und abtrocknen, 1 TL Schale fein abreiben und 1 EL Zitronensaft auspressen. Beides mit Quark, Ahornsirup und Mineralwasser mit einem Schneebesen cremig verrühren.

3. Beeren verlesen, waschen und trocken tupfen. Die Hälfte der Beeren in einem hohen Rührbecher mit dem Stabmixer pürieren, die restlichen Beeren locker untermischen.

4. Den Backofen auf 100 °C vorheizen. 1 EL Öl in einer großen beschichteten Pfanne erhitzen. 4 bis 5 esslöffelgroße Teigportionen in der Pfanne verteilen und bei mittlerer Hitze etwa 3 Minuten hell backen. Pancakes wenden und 1 bis 2 Minuten fertigbacken. Herausnehmen und im Ofen warm halten. Aus dem restlichen Öl und dem übrigen Teig weitere 4 bis 5 Pancakes backen.

5. Zum Servieren die Pancakes mit dem Zitronenquark auf Tellern anrichten und den Beeren-Mix daraufgeben.

Pro Portion: ca. 560 kcal, 28 g EW, 20 g F, 61 g KH, 7 g BST

Die Ernährungs-Docs

Wer sich entzündungshemmend ernähren möchte, sollte seinen Darm pflegen, denn Darm und Mikrobiom sind wichtige Stellschrauben im Entzündungsgeschehen. Eine Extraportion „gutes Bakterienfutter“ liefern Sie Ihrem Darm, wenn Sie regelmäßig auf Buttermilch setzen. Denn das Sauermilchprodukt enthält kaum Kalorien und Fett, dafür aber reichlich Milchsäurebakterien. Nehmen Sie am besten immer „reine“ Buttermilch – ihr darf weder Wasser noch Mager- oder Trockenmilch zugesetzt werden.

BEEREN-HAFER-SMOOTHIE

1. Die Brombeeren verlesen, waschen und trocken tupfen (Johannisbeeren von den Rispen streifen). Einige Beeren zum Garnieren beiseitelegen. Den Ingwer schälen und in kleine Würfel schneiden.

2. Die übrigen Brombeeren mit Ingwer, Haferflocken, Leinsamen, Zitronensaft, Zimt und Ahornsirup in den Standmixer geben. Kefir und Mineralwasser dazugießen und alles erst auf kleiner, dann auf höchster Stufe feincremig pürieren.

3. Zum Servieren den Smoothie auf Gläser verteilen und mit den beiseitegelegten Beeren garnieren.

★ Für einen veganen Smoothie statt des Kefirs die gleiche Menge ungesüßten Hafer- oder Mandeldrink untermixen.

Die Ernährungs-Docs
Beeren sind Trumpf! Sie versorgen uns mit antioxidativ wirksamen Pflanzenfarbstoffen, die uns im Kampf gegen Entzündungen unterstützen. Dabei gilt: je dunkler, desto besser. Ein weiteres Plus von Brombeeren: Sie enthalten mehr Provitamin A als andere Beeren. Das hält die Augen fit und schützt die Schleimhäute.

Für 2 große Gläser (à ca. ½ l)
Zubereitung: 10 Minuten

200 g Brombeeren (ersatzweise Schwarze Johannisbeeren)
10 g Ingwer
80 g zarte Haferflocken
1 EL Leinsamen
1 EL Zitronensaft
1 TL Zimtpulver
2 EL Ahornsirup
½ l Kefir (1,5 % Fett)
150 ml Mineralwasser (ohne Kohlensäure)

Pro Portion: ca. 450 kcal, 16 g EW, 14 g F, 54 g KH, 9 g BST

GRÜNTEE-MINZE-SMOOTHIE

Für 2 große Gläser (à ca. 400 ml)
Zubereitung: 20 Minuten

2 TL loser grüner Tee (z. B. Sencha)
80 g junger Spinat
1 Banane
1 Kiwi
80 g grüne Weintrauben
4 Stiele Minze
15 g Goldleinsamen
1 EL Limettensaft

Pro Portion: ca. 170 kcal,
5 g EW, 4 g F, 23 g KH, 8 g BST

1. Im Wasserkocher 400 ml Wasser aufkochen, danach etwa 5 Minuten abkühlen lassen. Den grünen Tee in einer Kanne damit aufgießen und 2 bis 3 Minuten ziehen lassen. Dann abseihen und abkühlen lassen.

2. Währenddessen den Spinat verlesen, waschen und trocken schleudern, dabei die groben Stiele entfernen. Die Banane und die Kiwi schälen und grob in Stücke schneiden. Die Trauben waschen und von den Stielen zupfen. Die Minze waschen, trocken tupfen, die Blätter abzupfen und einige zum Garnieren beiseitelegen.

3. Spinat, Banane, Kiwi, Trauben und die restliche Minze mit Leinsamen und Limettensaft in den Standmixer geben. Den grünen Tee dazugießen und alles erst auf kleiner, dann auf höchster Stufe fein pürieren.

4. Zum Servieren den Smoothie auf Gläser verteilen und mit den beiseitegelegten Minzeblättern garnieren.

★ Für eine kühle Variante den Grüntee schon am Vortag zubereiten und abgekühlt über Nacht in den Kühlschrank stellen: eine gesunde Erfrischung an heißen Sommertagen.

VERÄNDERUNGEN MIT PLAN: SO GELINGT DIE UMSTELLUNG

Mehr selbst kochen, bewusster einkaufen und andere Gewohnheiten verändern – das ist nicht einfach und kann schnell zum Stressfaktor werden. Die beste Strategie dagegen: Nehmen Sie sich nicht zu viel auf einmal vor, sondern setzen Sie Ihre guten Vorsätze in kleinen Schritten um. Wir haben ein paar Ideen, mit denen Sie Veränderungen ihren Schrecken nehmen.

1

WAS ESSE ICH EIGENTLICH GENAU?

Beschäftigen Sie sich mit Ihrem bisherigen Essverhalten. Vielleicht führen Sie ein paar Tage Protokoll und notieren genau, was Sie wann zu sich nehmen (Getränke nicht vergessen!), um Fehlern auf die Spur zu kommen. Dabei geht es darum, Ihren persönlichen Weg zu einer antientzündlichen Ernährungsweise zu finden. Überlegen Sie, welche Vorschläge und Rezepte aus diesem Buch Ihnen so gefallen, dass Sie sie gerne umsetzen möchten. Schreiben Sie Ihre ersten Vorsätze auf.

2

DAS LEICHTESTE ZUERST UMSETZEN

Ist es ein bestimmtes entzündungshemmendes Gemüse, das Sie auf Anhieb anspricht? Können Sie sich vorstellen, mehrstündige Esspausen einzuhalten? Oder wollen Sie vielleicht erst mal nur den Nachmittagskuchen durch eine Handvoll Nüsse ersetzen? Gleichgültig, was Sie aufgeschrieben haben, jetzt sollten Sie mindestens eine gute Sache auch umsetzen und dann am besten gleich eine neue Gewohnheit daraus machen. Sobald das einigermaßen funktioniert, gehen Sie den nächsten Schritt.

3

SELBST GESUND KOCHEN

Studien zeigen, dass Menschen, die sich regelmäßig an den Herd stellen, im Durchschnitt gesünder leben und länger jung bleiben. Denn sie können schädliche Fertiggerichte mit all ihren Zusatzstoffen einfach meiden, weil sie mit frischer Vollwertkost und viel Gemüse Alternativen haben. Wichtig dabei: Legen Sie mit leichten Rezepten los, sodass Sie schnell Erfolgserlebnisse haben. Der Rest kommt dann von alleine.

4

RICHTIG TRINKEN

Trinken ist ebenso wichtig wie das richtige Essen. Dabei ist Wasser eindeutig die Empfehlung Nummer eins. Die kalorienfreie Flüssigkeit, eventuell aufgepeppt mit Zitrone, Minze oder Ingwer, ist der beste Durstlöscher. Auch ungesüßte Kräutertees und Kaffee ohne Milch und Zucker sind geeignet. Als Faustregel gilt: Pro Kilogramm Körpergewicht sollten es täglich 0,03 Liter sein.

5

VERBANNEN, WAS DIE GUTEN VORSÄTZE STÖRT

Wahrscheinlich finden Sie noch einiges in Ihrer Küche, das Sie künftig verbannen oder zumindest reduzieren wollen. Ist die Tiefkühltruhe noch voll mit Fertigpizza? Stehen kistenweise Fruchtsäfte herum, obwohl Sie Wassertrinker werden wollen? Sind die Süßigkeitenlager noch gut gefüllt? Überlegen Sie, was damit passieren soll. Ob Sie alles aufessen, es vielleicht so aufpimpen, dass es zumindest ein bisschen gesünder wird, oder es verschenken? Hauptsache, Sie haben einen Plan.

6

SPORT TREIBEN UND ENTSPANNEN

Neben dem Essen spielt auch der Lebensstil eine Rolle. Bewegung führt zu Hormonausschüttungen, die antientzündlich auf die Immunzellen wirken und schützt gleichzeitig vor Übergewicht. Nach dem neuesten Stand der Forschung ist es ideal, mehrmals in der Woche die Ausdauer und die Kraft zu trainieren und für Entspannungseinheiten wie Meditation oder Atemübungen feste Zeiten einzuplanen. Denn die reduzieren Entzündungen, die durch zu viel Stress entstehen.

7

EINKAUFEN MIT KONZEPT

Wie haben Sie bisher eingekauft? Einfach alles in den Gitterwagen geschaufelt, was Ihnen gefiel? Das hat meist verhängnisvolle Folgen, vor allem, wenn man hungrig ist. Verändern Sie diese Gewohnheit, indem Sie sich eine Einkaufsliste schreiben, auf der Sie bereits die ganze Woche durchplanen. Die Faustregel: Der Einkaufskorb sollte mindestens zur Hälfte mit frischem Gemüse und Obst gefüllt sein.

8

HINTERTÜRCHEN OFFENHALTEN

Seien Sie von Anfang an darauf vorbereitet, dass Ihnen nicht immer alles gelingen wird. Damit Sie bei größeren oder kleineren Fehltritten nicht gleich aufgeben, weil Sie das Gefühl haben, dass Sie es ohnehin nicht schaffen, sollten Sie sich immer ein Hintertürchen offenhalten. Auch ungesunde Lebensmittel sind hin und wieder erlaubt, wenn Sie danach einfach weitermachen. Faustregel: Wenn Sie sich zu 80 Prozent gesund ernähren, dürfen Sie zu 20 Prozent abweichen.

9

AUSNAHMEN MANAGEN

Ihren eigenen Haushalt werden Sie mit der Zeit immer besser (und gesünder!) in den Griff bekommen. Aber dann sind da noch die Ausnahmen: Kantine, Restaurant und Essen auf Reisen, Partys und Ausflügen. Überlegen Sie sich rechtzeitig, wie Sie trotzdem immer Entzündungshemmer einbauen können. Restaurants und Kantinen bieten in den meisten Fällen auch Salate und Gemüsegerichte – bestellen Sie diese als Beilage oder verzichten Sie auf das allgegenwärtige Brot. Oder Sie kochen daheim selbst vor und nehmen sich etwas mit – Meal-Prep-Anregungen finden Sie in diesem Buch.

VOLLKORNBROT MIT SAUERTEIG

1. Beide Mehlsorten, Weizenkeime, Leinsamen, Salz und Gewürze in einer Rührschüssel mischen. Hefe zerkrümeln, mit 300 ml lauwarmem Wasser und dem Sauerteig gründlich verrühren und zur Mehlmischung gießen. Alles mit den Knethaken des Handrührgeräts elastisch verkneten. Den Teig abgedeckt an einem warmen Ort etwa 1 Stunde gehen lassen. Ein Backblech mit Backpapier belegen.

2. Anschließend den Teig auf der leicht bemehlten Arbeitsfläche noch mit den Händen durchkneten, zu einem Laib formen und auf das Blech legen. Abgedeckt 30 Minuten gehen lassen. Den Backofen auf 200 °C vorheizen.

3. Die Oberfläche des Brotes mit einem Messer mehrmals schräg einschneiden und mit Mehl bestäuben. Das Brot im Ofen auf der mittleren Schiene etwa 1 Stunde backen, dabei eine ofenfeste Schale mit Wasser auf den Backofenboden stellen. Den Klopftest machen: Klopfen Sie auf die Unterseite des Brotes. Wenn es hohl klingt, ist es ausgebacken – ansonsten noch einige Minuten länger backen.

4. Das Brot aus dem Ofen nehmen und auf einem Kuchengitter vollständig auskühlen lassen. Im Brotkasten hält es sich etwa 1 Woche.

Für 1 Brot (ca. 900 g; 15 Scheiben)
Zubereitung: 30 Minuten
Gehen: 1 Stunde 30 Minuten
Backen: 1 Stunde

400 g Dinkel-Vollkornmehl
100 g Roggen-Vollkornmehl
2 EL Weizenkeime (aus dem Reformhaus)
50 g Leinsamen
½ EL Salz
1 TL gemahlener Koriander
½ TL gemahlener Kümmel
¼ TL frisch geriebene Muskatnuss
½ Würfel frische Hefe (21 g)
75 g Natursauerteig (aus dem Bioladen)
Dinkel-Vollkornmehl zum Arbeiten

Pro Scheibe: ca. 150 kcal, 6 g EW, 3 g F, 24 g KH, 5 g BST

Die Ernährungs-Docs

Vollkornbrote sind kleine Gesundwunder, da sie reichlich Magnesium, Eisen, Jod, Selen, Zink und viele B-Vitamine enthalten. Sie alle helfen, die Abwehr zu stärken – vorausgesetzt, das Brot wurde mit Sauerteig gebacken. Denn nur dessen Milchsäurebakterien können das Enzym Phytase aktivieren, das die wertvollen Nährstoffe für den Körper aus dem Getreide herauslöst. Zudem stärken die Sauerteigbakterien unser Mikrobiom.

DINKEL-VOLLKORN-BRÖTCHEN MIT SAATEN

Für 10 Stück
Zubereitung: 30 Minuten
Gehen: 1 Stunde 30 Minuten
Backen: 20 Minuten

350 g Dinkel-Vollkornmehl
150 g Dinkelmehl (Type 1050)
1 TL Salz
20 g Haselnusskerne
20 g Cashewkerne
20 g Mandeln
20 g Sonnenblumenkerne
20 g Leinsamen
75 g kernige Haferflocken
350 ml ungesüßter Haferdrink
½ Würfel frische Hefe (21 g)
1 TL Ahornsirup
Dinkelmehl zum Arbeiten

Pro Stück: ca. 340 kcal,
10 g EW, 9 g F, 49 g KH, 8 g BST

1. Beide Mehlsorten und das Salz in einer Rührschüssel mischen. Die Haselnüsse, Cashewkerne und Mandeln klein hacken und mit den Sonnenblumenkernen, Leinsamen und 60 g Haferflocken vermengen.

2. Den Haferdrink lauwarm erhitzen, die Hefe hineinbröckeln. Den Ahornsirup dazugeben und alles so lange verrühren, bis sich die Hefe vollständig aufgelöst hat. Den Hefe-Mix zur Mehlmischung gießen. Alles mit den Knethaken des Handrührgeräts oder in der Küchenmaschine etwa 5 Minuten verkneten.

3. Danach die Nuss-Saaten-Mischung dazugeben und alles etwa 5 Minuten weiterkneten, bis ein geschmeidiger Teig entstanden ist. Falls nötig, noch etwas Dinkelmehl hinzufügen. Den Teig abgedeckt an einem warmen Ort (z. B. im Backofen bei 45 °C).etwa 1 Stunde gehen lassen

4. Ein Backblech mit Backpapier belegen. Den Teig auf der leicht bemehlten Arbeitsfläche nochmals kräftig durchkneten und in 10 gleich große Stücke teilen. Jedes Teigstück mit den Händen zu einem Brötchen formen, nebeneinander auf das Blech setzen und mit einem Messer in der Mitte jeweils kreuzweise einschneiden. Die Teiglinge abgedeckt nochmals etwa 30 Minuten gehen lassen.

5. Den Backofen auf 200 °C vorheizen. Die Teiglinge mit Wasser bestreichen und mit den übrigen Haferflocken (15 g) bestreuen. Die Brötchen im Ofen auf der mittleren Schiene etwa 20 Minuten hell backen, dabei ein ofenfestes Gefäß mit heißem Wasser auf den Ofenboden stellen.

6. Dann die Brötchen herausnehmen und auf einem Kuchengitter abkühlen lassen. Sie halten sich 3 bis 4 Tage frisch, lassen sich aber auch sehr gut einfrieren.

VOLLKORNKASTENBROT MIT MÖHREN UND KÜRBISKERNEN

Für 1 Kastenform
(ca. 25 cm Länge; 900 g; 18 Scheiben)
Zubereitung: 25 Minuten
Gehen: 4 Stunden 45 Minuten
Backen: 50 Minuten

60 g Kürbiskerne
400 g Dinkel-Vollkornmehl
100 g Roggenmehl (Type 1150)
2 TL gemahlener Koriander
1½ TL Salz
½ Würfel frische Hefe (21 g)
1 TL Ahornsirup
150 g Möhren
2 EL Rapsöl
Öl für die Form
Dinkelmehl zum Arbeiten
1 EL kernige Haferflocken

Pro Scheibe: ca. 140 kcal,
5 g EW, 4 g F, 19 g KH, 3 g BST

1. Die Kürbiskerne grob hacken. Beide Mehlsorten in einer Schüssel mit Kürbiskernen, Koriander und Salz mischen und in die Mitte eine Mulde drücken. Die Hefe hineinbröckeln, mit 50 ml lauwarmem Wasser, Ahornsirup und etwas Mehl-Mix vom Rand so lange verrühren, bis sich die Hefe vollständig aufgelöst hat. Den Vorteig abgedeckt an einem warmen Ort (z. B. im Backofen bei 45 °C) etwa 15 Minuten gehen lassen.

2. Währenddessen die Möhren putzen, schälen und auf der Gemüsereibe grob raspeln. Dann mit dem Öl und 200 bis 250 ml lauwarmem Wasser zu Mehl-Mix und Vorteig geben und alles mit den Knethaken des Handrührgeräts oder in der Küchenmaschine zu einem glatten Teig verarbeiten. Anschließend abgedeckt an einem warmen Ort (z.B. im Backofen bei 45 °C) etwa 4 Stunden gehen lassen.

3. Anschließend die Form mit Öl einfetten. Den Teig auf der leicht bemehlten Arbeitsfläche etwa 5 Minuten kräftig durchkneten, zu einem länglichen Laib formen und in die Form setzen. Den Teig glatt streichen und mit den Haferflocken bestreuen, nochmals abgedeckt an einem warmen Ort etwa 30 Minuten gehen lassen.

4. Den Backofen rechtzeitig auf 220 °C vorheizen, dabei ein ofenfestes Gefäß mit heißem Wasser auf den Ofenboden stellen. Das Brot im Ofen auf der mittleren Schiene erst etwa 15 Minuten backen. Anschließend die Backofentemperatur auf 190 °C reduzieren und das Brot 30 bis 35 Minuten fertigbacken, bis es knusprig und gut gebräunt ist.

5. Das Brot aus dem Ofen nehmen und in der Form etwa 10 Minuten abkühlen lassen, dann aus der Form stürzen und auf einem Kuchengitter vollständig abkühlen lassen. Das Brot hält sich 4 bis 5 Tage, in Scheiben geschnitten lässt es sich auch sehr gut einfrieren.

KÜRBIS-TOMATEN-AUFSTRICH

1. Den Backofen auf 200 °C vorheizen. Ein Backblech mit Backpapier belegen. Den Kürbis waschen, die Kerne entfernen und das Fruchtfleisch in etwa 2 cm große Stücke schneiden. In einer Schüssel mit 1 EL Öl, Paprikapulver, Chiliflocken und Thymian mischen, auf dem Blech verteilen und im Ofen auf der mittleren Schiene 20 bis 25 Minuten garen, bis der Kürbis weich ist. Anschließend herausnehmen und lauwarm abkühlen lassen.

2. Inzwischen die Tomaten abtropfen lassen und klein schneiden. Mit dem gegarten Kürbis, dem Tomatenmark und dem übrigen Öl im Mixer oder in einem hohen Rührbecher mit dem Stabmixer feincremig pürieren. Mit Zitronensaft, Salz und Pfeffer abschmecken und in ein sauberes Twist-off-Glas füllen. Der Aufstrich hält sich gut verschlossen im Kühlschrank mindestens 1 Woche.

★ Sie können den Kürbisaufstrich auch in Eiswürfelbehälter füllen und einfrieren – er hält sich 2 bis 3 Monate. Bei Bedarf dann pro Person 2 bis 3 Würfel über Nacht im Kühlschrank auftauen lassen. Der Aufstrich schmeckt gut zu frischem Vollkorn- oder Sauerteigbrot, mit etwas Kresse oder ein paar Kürbiskernen als Topping.

Für 4 Portionen (ca. 200 g)
Zubereitung: 30 Minuten

300 g Hokkaidokürbis
2 EL Olivenöl
½ TL edelsüßes Paprikapulver
¼ TL Chiliflocken
½ TL getr. Thymian
40 g getr. Tomaten (in Öl)
1 TL Tomatenmark
1–2 TL Zitronensaft
Salz, Pfeffer aus der Mühle

Pro Portion: ca. 80 kcal,
1 g EW, 5 g F, 5 g KH, 2 g BST

ERBSEN-KRÄUTER-AUFSTRICH

1. Schalotte und Knoblauch schälen, in feine Würfel schneiden und in einem kleinen Topf im Öl bei mittlerer Hitze etwa 2 Minuten andünsten. Den Senf und die tiefgekühlten Erbsen hinzufügen und 1 bis 2 Minuten mitdünsten. Die Brühe dazugießen, alles einmal kurz aufkochen, dann die Haferflocken einstreuen. Alles mit geschlossenem Deckel bei schwacher Hitze etwa 10 Minuten köcheln lassen, anschließend vom Herd nehmen und offen abkühlen lassen.

2. Inzwischen die Petersilie waschen, trocken tupfen, die Blätter abzupfen und fein hacken. Den Erbsen-Mix mit Frischkäse und Petersilie in einem hohen Rührbecher mit dem Stabmixer feincremig pürieren und mit Salz und Pfeffer abschmecken.

3. Den Aufstrich in ein Twist-off-Glas füllen und kühl aufbewahren – er hält sich etwa 1 Woche. Schmeckt zu frischem Vollkornbrot oder Pumpernickel, zum Beispiel mit Tomaten oder etwas Räucherlachs obendrauf.

★ Für eine vegane Variante den Frischkäse durch eine vegane Alternative auf Hafer- oder Mandelbasis ersetzen.

Für 4 Portionen (ca. 240 g)
Zubereitung: 30 Minuten

1 Schalotte
1 Knoblauchzehe
1 EL Olivenöl
1 TL scharfer Senf
75 g tiefgekühlte Erbsen
100 ml Gemüsebrühe
30 g zarte Haferflocken
4 Stiele Petersilie
50 g Frischkäse (Halbfettstufe)
Salz, Pfeffer aus der Mühle

Pro Portion: ca. 90 kcal,
4 g EW, 4 g F, 8 g KH, 2 g BST

KRÄUTEROMELETT MIT CHAMPIGNONS

Für 2 Personen
Zubereitung: 25 Minuten

50 g Rucola
3 Stiele Petersilie
¼ Bund Schnittlauch
50 g Bergkäse (mind. 45 % Fett)
80 g kleine Champignons
1 kleine rote Paprikaschote
3 Eier (Größe M)
2 Eiweiß (Größe M)
4 EL Milch (1,5 % Fett)
Salz, Pfeffer aus der Mühle
1 EL Rapsöl

Pro Portion: ca. 320 kcal,
26 g EW, 22 g F, 5 g KH, 3 g BST

1. Den Backofen auf 80 °C vorheizen. Den Rucola verlesen, waschen und trocken schleudern, dabei grobe Stiele entfernen. Einige Blätter zum Garnieren beiseitelegen, den Rest grob hacken. Petersilie und Schnittlauch waschen, trocken tupfen und fein hacken, den Schnittlauch in feine Röllchen schneiden. Den Käse reiben.

2. Champignons putzen, falls nötig, trocken abreiben und in dünne Scheiben schneiden. Paprika längs halbieren, entkernen, waschen und in kleine Würfel schneiden. Eier und Eiweiße mit Milch und etwas Salz und Pfeffer verquirlen. Rucola, Petersilie, Schnittlauch und Käse unterrühren.

3. In einer kleinen beschichteten Pfanne (ca. 18 cm Durchmesser) das Öl erhitzen. Die Hälfte der Eiermasse hineingießen und mit der Hälfte der Pilze und der Paprikawürfel bestreuen. Mit geschlossenem Deckel bei schwacher bis mittlerer Hitze 2 bis 3 Minuten stocken lassen. Das Omelett aus der Pfanne auf einen Teller gleiten lassen und im Ofen warm halten.

4. Die restliche Eiermischung mit den übrigen Pilzen und Paprikawürfeln zu einem zweiten Omelett verarbeiten. Zum Servieren die Omeletts mit dem beiseitegelegten Rucola bestreuen.

Die Ernährungs-Docs

Für Gesunde sind Eier unbedenklich: Sie liefern uns gut verdauliche Proteine und on top wichtige Vitamine und Mineralstoffe. Wer allerdings an einer entzündlichen Erkrankung leidet, sollte Eier nur in Maßen genießen. Und einen Trick kennen: Wenn man zusammen mit den Eiern viel Gemüse isst, versorgt man seinen Körper automatisch mit entzündungshemmenden Antioxidanzien. Auch frische Kräuter senken das Entzündungsrisiko und passen sehr gut zu einem Omelett.

FRÜHSTÜCKSEI MIT AVOCADO-TOMATEN-SALAT

1. Die Brotscheiben in etwa fingerdicke Streifen schneiden. 1 EL Öl in einer Pfanne erhitzen und die Brotstreifen darin unter Wenden bei mittlerer Hitze etwa 5 Minuten rundum knusprig braten, leicht salzen. Herausnehmen und auf einem Teller abkühlen lassen.

2. Inzwischen die Eier in kochendem Wasser etwa 5 Minuten weich garen, dann kalt abschrecken.

3. Währenddessen die Avocado halbieren und den Stein entfernen, das Fruchtfleisch aus den Schalen lösen und etwa 1 cm groß würfeln. Die Gurke waschen, längs vierteln und quer in etwa 1 cm breite Stücke schneiden. Die Tomaten waschen und vierteln. Avocado, Gurken- und Tomatenstücke vorsichtig mit Essig und übrigem Öl mischen und den Salat mit Salz und Chiliflocken abschmecken.

4. Zum Servieren die Eier in Eierbecher setzen, die Brotstäbchen und den Salat dazu anrichten. Die Eier köpfen, mit Chiliflocken bestreuen und das Brot ins Eigelb stippen.

Für 2 Personen
Zubereitung: 25 Minuten

2 Scheiben Vollkornbrot (à ca. 50 g)
1½ EL Olivenöl
Salz
2 Eier (Größe M)
1 reife Avocado
1 Mini-Salatgurke
150 g Cocktailtomaten
1 EL Aceto balsamico bianco
Chiliflocken

Pro Portion: ca. 400 kcal, 13 g EW, 24 g F, 28 g KH, 9 g BST

Die Ernährungs-Docs

Avocados enthalten reichlich ungesättigte Fettsäuren – das ist gut fürs Herz und die Gefäße. Außerdem liefern die grünen Früchte eine Reihe wichtiger Phytonährstoffe und bioaktiver Substanzen. Avocados dürfen deshalb ruhig öfter auf den Teller, am besten aus ökologischem Anbau. Sie eignen sich als Mus auch hervorragend als Ersatz für Butter oder als Brotaufstrich.

TOFU-„RÜHREI" MIT SPARGEL UND SPINAT

Für 2 Personen
Zubereitung: 30 Minuten

2 Frühlingszwiebeln
1 Knoblauchzehe
200 g grüner Spargel (ersatzweise Bimi)
200 g Tofu natur
100 g Cocktailtomaten
60 g junger Spinat
2 EL Olivenöl
1 TL gemahlene Kurkuma
100 g Seidentofu
Salz, Pfeffer aus der Mühle
½ TL edelsüßes Paprikapulver
2 Stiele Basilikum
2 Scheiben Möhren-Kürbiskern-Vollkornbrot (siehe Seite 48; à ca. 50 g; ersatzweise Vollkornbrot)

Pro Portion: ca. 440 kcal, 27 g EW, 22 g F, 29 g KH, 8 g BST

1. Die Frühlingszwiebeln putzen, waschen, weiße und grüne Teile separat in dünne Ringe schneiden. Knoblauch schälen und fein würfeln. Den Spargel waschen und im unteren Drittel schälen, dabei die holzigen Enden abschneiden. Die Stangen schräg in etwa ½ cm dünne Scheiben schneiden (Bimi schräg in etwa 1 cm breite Stücke schneiden). Tofu trocken tupfen und klein würfeln. Tomaten waschen und halbieren. Spinat verlesen, waschen und trocken schleudern, dabei die groben Stiele entfernen.

2. Das Öl in einer beschichteten Pfanne erhitzen, die weißen Frühlingszwiebeln, Knoblauch und Spargelscheiben darin bei mittlerer Hitze etwa 5 Minuten anbraten. Dann den Tofu dazugeben, mit Kurkuma bestäuben und unter Rühren 2 bis 3 Minuten mitbraten.

3. Anschließend Spinat, Tomaten und Seidentofu hinzufügen und alles so lange weiterbraten, bis die Flüssigkeit fast vollständig verdampft ist – das dauert 3 bis 4 Minuten. Dabei das Rührei ab und zu wenden und zuletzt mit Salz, Pfeffer und Paprikapulver würzen.

4. Zum Servieren das Basilikum waschen, trocken tupfen und die Blätter abzupfen. Das Tofu-„Rührei" auf Tellern anrichten und mit den grünen Frühlingszwiebeln und Basilikum bestreuen. Das Vollkornbrot dazu reichen.

Die Ernährungs-Docs

Wer sich stärker pflanzenbasiert ernähren möchte, ist mit Tofu gut beraten. In diesem veganen „Rührei" steckt er gleich zweimal – als Natur- und weicher Seidentofu. Beide Tofusorten werden aus Sojabohnen, also Hülsenfrüchten, hergestellt und liefern daher reichlich „grünes" Protein und wertvolle sekundäre Pflanzenstoffe wie Flavonoide. Diese wirken im Stoffwechsel antioxidativ und hemmen damit Entzündungen.

HAUPTGERICHTE

Um entzündlichen Prozessen im Stoffwechsel entgegenzuwirken, ist es wichtig, den Bauchumfang im Zaum zu halten. Dabei helfen unsere Genussrezepte: bunte Eintöpfe mit Hülsenfrüchten, Gemüse-Pasta und raffinierte Ideen mit Fisch und magerem Fleisch!

ZWEIERLEI-SPARGEL-MINESTRONE MIT EDAMAME

1. Die Edamame auftauen lassen. Die Zwiebel schälen, halbieren und in Streifen schneiden. Den Knoblauch schälen und fein würfeln. Lauch und Sellerie putzen, waschen und in etwa 1 cm breite Scheiben bzw. Ringe schneiden. Die Möhre putzen, schälen und schräg in dünne Scheiben schneiden. Beide Spargelsorten waschen, den weißen Spargel ganz, den grünen nur im unteren Drittel schälen, dabei die holzigen Enden abschneiden. Die Stangen separat schräg in etwa 3 cm lange Stücke schneiden.

2. Das Öl in einem Topf erhitzen und Zwiebel, Knoblauch und Lauch darin bei mittlerer Hitze 2 bis 3 Minuten andünsten. Sellerie und Möhre hinzufügen und etwa 2 Minuten mitbraten. Brühe und Tomaten dazugeben. Alles einmal aufkochen, mit Salz, Pfeffer und Kräutern würzen.

3. Weißen Spargel hinzufügen und alles offen bei mittlerer Hitze etwa 5 Minuten garen. Den grünen Spargel, Edamame und Nudeln dazugeben. Alles mit geschlossenem Deckel bei mittlerer Hitze noch 8 bis 10 Minuten köcheln lassen, bis die Nudeln bissfest sind.

4. Währenddessen den Käse mit dem Sparschäler in Späne hobeln. Das Basilikum waschen, trocken tupfen und die Blätter abzupfen. Zum Servieren die Minestrone mit Salz, Pfeffer und Zitronenschale abschmecken und auf tiefe Teller verteilen. Mit Parmesan und Basilikum garnieren.

Für 2 Personen
Zubereitung: 45 Minuten

200 g tiefgekühlte Edamamekerne (junge, grüne Sojabohnen)
1 kleine Zwiebel
1 Knoblauchzehe
100 g Lauch
1 Stange Staudensellerie
1 Möhre
200 g weißer Spargel
150 g grüner Spargel
3 EL Olivenöl
600 ml Gemüsebrühe
1 Dose stückige Tomaten (400 g)
Salz, Pfeffer aus der Mühle
1 TL getr. italienische Kräuter
80 g kleine Dinkel-Vollkornnudeln (z. B. kurze Makkaroni)
30 g Parmesan (am Stück)
2 Stiele Basilikum
½ TL abgeriebene Bio-Zitronenschale

Pro Portion: ca. 610 kcal,
27 g EW, 31 g F, 46 g KH, 17 g BST

Die Ernährungs-Docs

Gemüse ist Trumpf! Täglich drei Handvoll Gemüse – egal ob gegart, als Rohkost oder Salat, aber immer schön die Sorten abwechseln – ist die wichtigste Empfehlung im Kampf gegen Entzündungen. Denn die farbenfrohen Pflanzen enthalten unzählige sekundäre Pflanzenstoffe, die freie Radikale unschädlich machen können.

MISO-NUDELSUPPE MIT SESAM UND ALGEN

1. Die Spaghetti in reichlich kochendem Salzwasser nach Packungsanweisung nicht vollständig bissfest garen. In ein Sieb abgießen, kalt abschrecken, abtropfen lassen und mit 1 EL Sesamöl mischen.

2. Währenddessen Zwiebel, Ingwer und Knoblauch schälen und separat fein würfeln. Chili längs halbieren, putzen, waschen und fein hacken. Paprika längs vierteln, putzen, waschen und in Streifen schneiden. Von den Shiitake die Stiele entfernen, die Kappen putzen, falls nötig, trocken abreiben und in Streifen schneiden. Den Spinat verlesen, waschen und trocken schleudern, dabei die groben Stiele entfernen. Die Frühlingszwiebeln putzen, waschen und in dünne Ringe schneiden.

3. Die Zwiebelwürfel in einem großen Topf im restlichen Öl bei mittlerer Hitze etwa 3 Minuten anbraten. Ingwer, Knoblauch und Chili dazugeben und kurz mitdünsten. Alles mit der Brühe ablöschen und einmal aufkochen. Die Paprikastreifen und Pilze hinzufügen und alles offen bei schwacher Hitze noch etwa 5 Minuten köcheln lassen.

4. Inzwischen die Miso-Paste mit dem Limettensaft und der Sojasauce verrühren. Die Suppe vom Herd nehmen, Miso-Mix, Algen, Nudeln und Spinat dazugeben und alles noch 1 bis 2 Minuten ziehen lassen. Die Sprossen in einem Sieb abbrausen und abtropfen lassen. Zum Servieren die Suppe auf Schalen verteilen und mit Frühlingszwiebeln, Sprossen und Sesam bestreuen.

Für 2 Personen
Zubereitung: 30 Minuten

120 g Emmer-Vollkornspaghetti
Salz
2 EL Sesamöl (ersatzweise Rapsöl)
1 rote Zwiebel
10 g Ingwer
1 Knoblauchzehe
½ rote Chilischote
1 rote Paprikaschote
100 g Shiitake-Pilze
30 g junger Spinat
2 Frühlingszwiebeln
800 ml vegane Gemüsebrühe
1 EL Miso-Paste (z. B. Hatcho)
1 EL Limettensaft
2 EL vegane Sojasauce
(z. B. Tamari)
1 EL getr. Instant-Wakame-Algen
20 g Sprossen
(z. B. Alfalfa, Radieschen)
1 EL ungeschälte Sesamsamen

Pro Portion: ca. 520 kcal, 15 g EW, 23 g F, 58 g KH, 12 g BST

Die Ernährungs-Docs

Für die gesunde Küche sind Meeresalgen eine echte Bereicherung. Die Braunalge Wakame etwa punktet mit essenziellen Aminosäuren, Vitaminen und Mineralstoffen sowie reichlich entzündungshemmenden und herzstärkenden Omega-3- Fettsäuren. Außerdem zählt sie zu den besten natürlichen Jodquellen, besser noch als Seefisch.

BOHNEN-CHILI MIT RÄUCHERTOFU

1. Zwiebel und Knoblauch schälen und fein würfeln. Die Paprika vierteln, putzen, waschen und etwa 1 cm groß würfeln. Den Tofu klein würfeln.

2. Das Öl in einem Topf erhitzen und Zwiebel, Knoblauch, Paprika und Tofu darin bei mittlerer Hitze unter Rühren etwa 3 Minuten anbraten. Mit Chilipulver würzen, das Tomatenmark hinzufügen und kurz mitrösten. Dann die passierten Tomaten und die Brühe dazugeben, alles kurz aufkochen und mit geschlossenem Deckel bei schwacher Hitze etwa 15 Minuten köcheln lassen.

3. Währenddessen den Bohnen-Mix in einem Sieb abbrausen und abtropfen lassen. Die Cocktailtomaten waschen und halbieren. Die Frühlingszwiebel putzen, waschen und in dünne Ringe schneiden. Koriandergrün waschen, trocken tupfen und die Blätter abzupfen.

4. Nach etwa 15 Minuten Garzeit Bohnen und Tomaten zum Chili geben und alles noch etwa 5 Minuten köcheln lassen.

5. Zum Servieren das Chili nochmals mit Salz und Pfeffer abschmecken und in Schalen anrichten, mit je 1 EL Joghurt, Frühlingszwiebeln und Koriandergrün toppen. Dazu passt pro Person noch 1 Scheibe Möhren-Kürbiskern-Vollkornbrot (siehe Seite 48) oder Vollkornbrot (à ca. 50 g).

Für 2 Personen
Zubereitung: 30 Minuten

1 Zwiebel, 1 Knoblauchzehe
1 grüne Paprikaschote
200 g geräucherter Tofu
2 EL Olivenöl
1 EL Chilipulver (Gewürzmischung)
2 TL Tomatenmark
250 g passierte Tomaten (aus dem Glas)
150 ml vegane Gemüsebrühe
1 Dose Bohnen-Mix (240 g Abtropfgewicht; ersatzweise Kidney- und weiße Bohnen)
200 g bunte Cocktailtomaten
1 Frühlingszwiebel
3 Stiele Koriandergrün
Salz, Pfeffer aus der Mühle
2 EL vegane Joghurtalternative auf Sojabasis

Pro Portion: ca. 460 kcal, 30 g EW, 20 g F, 34 g KH, 13 g BST

KARTOFFEL-MANGOLD-EINTOPF

Für 2 Personen
Zubereitung: 45 Minuten

1 große Zwiebel
2 Knoblauchzehen
250 g Mangold
2 Fleischtomaten (à ca. 200 g)
300 g kleine festkochende Kartoffeln (z. B. Drillinge)
1 Glas Kichererbsen (125 g Abtropfgewicht)
1 TL Ras el Hanout (arab. Gewürzmischung)
½ TL gemahlener Kreuzkümmel
2 EL Olivenöl
2 TL Tomatenmark
600 ml Gemüsebrühe
Salz, Pfeffer aus der Mühle
1 EL Walnusskerne
4 EL griech. Joghurt (5 % Fett)

1. Zwiebel schälen, halbieren und in feine Streifen schneiden. Knoblauch schälen und fein würfeln. Den Mangold putzen und waschen, die Stiele von den Blättern trennen und in etwa ½ cm dünne Streifen schneiden, die Blätter beiseitelegen. Tomaten waschen und grob würfeln, dabei die Stielansätze entfernen. Die Kartoffeln mit der Gemüsebürste gründlich waschen und samt Schale vierteln. Die Kichererbsen in einem Sieb abbrausen und abtropfen lassen.

2. Ras el Hanout und Kreuzkümmel in einem großen Topf im Öl etwa 1 Minute anrösten. Tomatenmark, Zwiebel, Knoblauch und Mangoldstiele hinzufügen und alles bei mittlerer Hitze 2 bis 3 Minuten unter Rühren andünsten. Tomaten, Kartoffeln und Kichererbsen dazugeben. Mit der Brühe aufgießen, salzen und pfeffern. Den Eintopf einmal aufkochen und mit geschlossenem Deckel bei mittlerer Hitze 15 bis 20 Minuten garen.

3. Währenddessen die beiseitegelegten Mangoldblätter grob schneiden und etwa 3 Minuten vor Ende der Garzeit im Eintopf zusammenfallen lassen. Die Nüsse grob hacken.

4. Zum Servieren den Eintopf nochmals mit Salz und Pfeffer abschmecken und auf tiefe Teller oder Schalen verteilen. Mit je 2 EL Joghurt und Nüssen garnieren.

Pro Portion: ca. 540 kcal, 16 g EW, 28 g F, 47 g KH, 12 g BST

ROSENKOHL-GRÜNKERN-EINTOPF MIT KIDNEYBOHNEN

1. Zwiebel und Knoblauch schälen und fein würfeln. Den Rosenkohl putzen und die äußeren Blätter entfernen. Den Rosenkohl waschen und den Strunk jeweils kreuzweise einschneiden, größere Köpfe halbieren. Die Paprika halbieren, putzen, waschen und in etwa 1 ½ cm große Stücke schneiden. Die Möhre putzen, schälen, längs halbieren und schräg in Scheiben schneiden.

2. Das Öl in einem großen Topf erhitzen und Zwiebel und Knoblauch darin bei mittlerer Hitze 2 bis 3 Minuten andünsten. Rosenkohl, Paprika, Möhre und Grünkernschrot dazugeben und 2 bis 3 Minuten mitdünsten. Die Tomaten dazugeben, mit der Brühe aufgießen und mit Salz, Pfeffer, Paprikapulver und Thymian würzen. Alles kurz aufkochen, danach den Eintopf mit geschlossenem Deckel bei schwacher Hitze etwa 20 Minuten köcheln lassen.

3. Inzwischen die Kidneybohnen in einem Sieb abbrausen und abtropfen lassen. Etwa 5 Minuten vor Ende der Garzeit die Bohnen unter den Eintopf mischen und mitgaren. Die Petersilie waschen, trocken tupfen, die Blätter abzupfen und fein hacken.

4. Zum Servieren den Eintopf nochmals mit Salz und Pfeffer abschmecken. Auf tiefe Teller oder Schalen verteilen und mit der Petersilie bestreuen.

Für 2 Personen
Zubereitung: 45 Minuten

1 Zwiebel
1 Knoblauchzehe
300 g Rosenkohl
1 grüne Paprikaschote
1 Möhre
2 EL Olivenöl
60 g Grünkernschrot
1 Dose stückige Tomaten (400 g)
400 ml vegane Gemüsebrühe
Salz, Pfeffer aus der Mühle
½ TL rosenscharfes Paprikapulver
1 TL getr. Thymian
1 Glas Kidneybohnen
(220 g Abtropfgewicht)
½ Bund Petersilie

Pro Portion: ca. 500 kcal, 23 g EW, 16 g F, 51 g KH, 24 g BST

Die Ernährungs-Docs

Hülsenfrüchte sind wahre Tausendsassas! Sie schützen laut neuester Studien nachweislich vor Übergewicht. Denn sie liefern reichlich gesundes Pflanzeneiweiß, Ballaststoffe und komplexe Kohlenhydrate und machen daher lange satt. Dunkle Sorten wie Kidneybohnen strotzen zudem vor Pflanzenfarbstoffen, die freie Radikale ausbremsen und so vor Entzündungsprozessen im Körper schützen können.

GRÜNKERN-RISOTTO MIT KÜRBIS UND PILZEN

1. Am Vorabend den Grünkern in einem Sieb kalt abbrausen, dann bei Zimmertemperatur abgedeckt in ½ l Wasser 8 bis 10 Stunden, am besten über Nacht, einweichen.

2. Am nächsten Tag den Grünkern in ein Sieb abgießen und abtropfen lassen. Schalotte und Knoblauch schälen, fein würfeln und in einem breiten Topf in 1 EL Öl bei mittlerer Hitze etwa 2 Minuten andünsten. Grünkern hinzufügen, 100 ml heiße Brühe dazugießen und einkochen. Nach und nach die restliche Brühe dazugießen und das Grünkern-Risotto offen bei mittlerer Hitze 20 bis 25 Minuten weich garen, dabei ab und zu umrühren.

3. Inzwischen den Kürbis waschen und die Kerne mit einem Löffel entfernen. Den Kürbis erst in etwa 2 cm breite Spalten schneiden, dann diese quer halbieren. Die Pilze putzen, falls nötig, trocken abreiben und grob in Stücke schneiden. Die Salbeiblätter abzupfen und trocken abreiben.

4. Die Kürbisstücke in einer großen Pfanne im übrigen Öl bei mittlerer Hitze 6 bis 7 Minuten anbraten, dabei ab und zu schwenken. Pilze und Salbei dazugeben und weitere 2 bis 3 Minuten mitbraten. Mit Salz und Pfeffer würzen.

5. Die Kürbiskerne in einer Pfanne ohne Fett hell anrösten, herausnehmen, kurz abkühlen lassen und grob hacken. Das Risotto nochmals mit Salz, Pfeffer und Zitronensaft abschmecken und die kalte Butter sowie 20 g geriebenen Parmesan unterrühren.

6. Zum Servieren das Risotto mit dem Kürbis-Pilz-Gemüse auf Tellern anrichten und mit Kürbiskernen und übrigem Parmesan bestreuen.

Für 2 Personen
Zubereitung: 1 Stunde
Einweichen: 10 Stunden (über Nacht)

150 g Grünkern
1 Schalotte
1 Knoblauchzehe
3 EL Olivenöl
400 ml heiße Gemüsebrühe
250 g Hokkaidokürbis
150 g kleine Kräuterseitlinge
2 Stiele Salbei
Salz, Pfeffer aus der Mühle
2 EL Kürbiskerne
1–2 TL Zitronensaft
2 TL kalte Butter
30 g geriebener Parmesan

Pro Portion: ca. 590 kcal,
22 g EW, 29 g F, 55 g KH, 12 g BST

PFLANZLICHE ERNÄHRUNG: SO ESSEN SIE MEHR GEMÜSE

Eine pflanzenbasierte Ernährung bietet einen optimalen Schutz vor Entzündungen im Körper. Doch für die meisten ist es gar nicht so einfach, täglich Kohl, Möhren und Co. auf den Teller zu bringen und die ganze Vielfalt zu nutzen. Hier verraten wir Ihnen bewährte Tipps und Tricks, mit denen die Umstellung auf mehr Gemüse leichter gelingt. Probieren Sie es einfach mal aus.

VIELFÄLTIGE ZUBEREITUNGSFORMEN NUTZEN

Gemüse kommt meist als klassische Beilage auf den Teller. Nehmen Sie Abschied von dieser Gewohnheit – ab sofort spielt Gemüse die Hauptrolle! Das Ziel sind 500 g pro Tag oder 30 verschiedene Pflanzensorten in der Woche! Bedenken Sie, dass Gemüse auch im Salat, als Suppe, Rohkost, Brotaufstrich, Nudelersatz oder Smoothie Ihren Speiseplan wunderbar bereichern kann. Lassen Sie sich von den Rezepten in diesem Buch zu neuen Zubereitungsformen inspirieren.

ROHKOST IST EIN PRIMA SNACK

Vor allem als Rohkost ist Gemüse ein prima Snack. Eine Möhre eignet sich ebenso für unterwegs wie Kohlrabistücke, Minitomaten oder Gurkenscheiben. Wer es gewohnt ist, vor dem Fernseher Chips und Salzstangen zu essen, kann sich das ungesunde Geknabber abgewöhnen, indem er sich mit Gemüse-Sticks behilft und gesundheitlich profitiert.

SETZEN SIE AUF CLEVERE HELFER

„Ich habe keine Zeit zum Schnippeln.“ Wenn Sie diese Ausrede von sich selbst kennen, denken Sie über Zubereitungsalternativen nach. Küchenmaschinen können schneiden, kneten, raspeln und rühren. Kleine Mühlen (Universal-Zerkleinerer) übernehmen das Zerlegen. Stab- oder Handmixer kommen beim Mixen und Pürieren zum Einsatz. Sie dürfen auch bereits fertig geschnittenes Tiefkühlgemüse (ohne Zusatzstoffe und Fertigsaucen) kaufen. Noch ein Tipp: für mehrere Tage vorkochen.

GRÜNES GEMÜSE ALS SMOOTHIE

Viel Grünzeug lässt sich in selbst gemachten Smoothies oder frisch gepressten Säften verarbeiten. Dafür eignen sich zum Beispiel Grünkohl, Spinat, Mangold und Stangensellerie. Der große Vorteil: Anders als die meisten gekauften enthalten selbst gemixte Smoothies weder Zusatzstoffe noch Zucker.

DEN SALAT AUFWERTEN

Salat muss nicht nur aus grünen Blättern bestehen. Auch rohes oder gegartes Gemüse passt prima in die Schüssel. Hülsenfrüchte wie Erbsen, Bohnen und Linsen liefern eine Extraportion hochwertiges Pflanzeneiweiß, sodass der Salat auch satt macht.

GEMÜSENUDELN SIND IM TREND

Pastafans aufgepasst: Gemüse kann man auch als Nudeln „verkleidet“ auf den Teller bringen. Unter dem Namen Zoodles (abgekürzt aus „zucchini“ und „noodles“) können Sie mit einem Spiralschneider dem neuen Trend folgen und Nudeln zum Beispiel aus Zucchini machen. Das funktioniert natürlich auch mit anderem Gemüse wie Kürbis oder Möhren.

HEIMISCHES SUPERFOOD

Gut für die Gesundheit und fürs Gewissen: Echtes Superfood wächst häufig um die Ecke. Damit Sie von Gemüse mit optimalem Reifegrad ohne lange Transportwege profitieren, ist es ideal, wenn Sie aus der Region und nach der Saison essen. Bioprodukte enthalten oft weniger Schadstoffe als herkömmliche, sollten aber der Umwelt zuliebe nicht unbedingt aus fernen Ländern importiert werden.

AUFGEPIMPTES FERTIGESSEN

Wenn es schnell gehen muss, hilft manchmal nur ein Fertiggericht. Das ist auch nicht weiter schlimm, wenn es nur ab und zu geschieht. Betreiben Sie dann Schadensbebegrenzung, indem Sie die Tiefkühlpizza oder die Dosensuppe mit frischem Gemüse aufpimpen.

GRÜNE TAUSCHBÖRSE

Es muss nicht immer Wurst und Fleisch sein! Mixen Sie würzige Aufstriche aus Hülsenfrüchten und Gemüse – die schmecken nicht nur auf Brot, sondern eignen sich auch super als Dip für Rohkost-Sticks. Frikadellen können Sie entweder mit geraspelten Möhren und Hülsenfrüchten anreichern oder gleich komplett aus ihnen zubereiten. Und Carpaccio und Schnitzel gelingen als Veggie-Variante mit Wurzelgemüse wie Kohlrabi oder Sellerie.

HIRSE-PAELLA MIT PAPRIKA UND WEISSEN BOHNEN

Für 2 Personen
Zubereitung: 45 Minuten

100 g Hirse
1 Zwiebel
2 Knoblauchzehen
2 EL Olivenöl
½ TL rosenscharfes Paprikapulver
1 TL geräuchertes Paprikapulver (ersatzweise edelsüßes Paprikapulver)
1 Döschen gemahlener Safran (0,1 g)
1 EL Tomatenmark
½ l heiße vegane Gemüsebrühe
Salz, Pfeffer aus der Mühle
100 g tiefgekühlte Erbsen
je 1 rote und gelbe Paprikaschote
100 g weiße Riesenbohnen (aus dem Glas)
100 g Cocktailtomaten
2 EL Sonnenblumenkerne
½ Bund Petersilie

Pro Portion: ca. 550 kcal,
20 g EW, 20 g F, 64 g KH, 13 g BST

1. Die Hirse in einem Sieb heiß abbrausen und abtropfen lassen. Die Zwiebel und den Knoblauch schälen und in feine Würfel schneiden.

2. In einer großen Pfanne das Öl erhitzen und Zwiebel und Knoblauch darin bei mittlerer Hitze kurz andünsten. Beide Paprikapulversorten, den Safran und die Hirse dazugeben und unterrühren. Das Tomatenmark hinzufügen und kurz mitrösten. 400 ml Brühe dazugießen, alles mit Salz und Pfeffer würzen und aufkochen. Dann offen bei schwacher Hitze etwa 15 Minuten köcheln lassen, bis die Brühe vollständig aufgesogen ist. Dabei ab und zu umrühren.

3. Inzwischen die Erbsen etwas antauen lassen. Paprikaschoten vierteln, putzen und waschen, dann in feine Streifen schneiden. Die Bohnen in einem Sieb abbrausen und abtropfen lassen.

4. Nach etwa 15 Minuten Garzeit Paprika, Erbsen, Bohnen und übrige Brühe zum Hirse-Mix geben und unterrühren. Alles noch etwa 10 Minuten köcheln lassen, dabei, falls nötig, noch etwas Wasser hinzufügen.

5. Die Tomaten waschen, halbieren und unter die Paella mischen. Die Sonnenblumenkerne in einer Pfanne ohne Fett hell anrösten, herausnehmen und abkühlen lassen.

6. Zum Servieren die Petersilie waschen, trocken tupfen, die Blätter abzupfen und grob hacken. Die Paella nochmals mit Salz und Pfeffer abschmecken und auf Tellern anrichten, mit Sonnenblumenkernen und Petersilie bestreuen.

ZUCCHINI-EMMER-SPAGHETTI MIT FETA UND PISTAZIENPESTO

Für 2 Personen
Zubereitung: 30 Minuten

½ Bund Basilikum (ca. 25 g)
1 Knoblauchzehe
½ Bio-Zitrone
50 g Pistazienkerne
2 EL Olivenöl
2 EL kalt gepresstes Hanföl (ersatzweise Walnussöl)
50 g Feta (Schafskäse)
Salz, Pfeffer aus der Mühle
120 g Emmer-Vollkornspaghetti
2 junge Zucchini (à ca. 175 g)

Pro Portion: ca. 655 kcal, 20 g EW, 41 g F, 47 g KH, 9 g BST

1. Für das Pesto das Basilikum waschen, trocken tupfen, die Blätter abzupfen und einige zum Garnieren beiseitelegen. Den Knoblauch schälen und grob würfeln. Die Zitrone heiß waschen, abtrocknen und die Schale fein abreiben, dann die Hälfte auspressen.

2. Von den Pistazien 10 g zum Garnieren beiseitelegen, den Rest mit Basilikum, Knoblauch, Zitronenschale und -saft sowie Oliven- und Hanföl im Blitzhacker zu einer Paste pürieren. 20 g Feta grob zerbröckeln, hinzufügen und kurz untermixen. Das Pesto mit Salz und Pfeffer abschmecken.

3. Nudeln in reichlich kochendem Salzwasser nach Packungsanweisung bissfest garen. Inzwischen die Zucchini putzen, waschen und mit dem Spiralschneider in lange spaghettifeine Streifen schneiden.

4. Etwa 2 Minuten vor Ende der Nudelgarzeit die Zucchinistreifen hinzufügen und alles noch etwa 2 Minuten fertiggaren. Anschließend den Nudel-Zucchini-Mix in ein Sieb abgießen, kurz abtropfen lassen und zurück in den Topf geben. Das Pistazien-Pesto hinzufügen, alles gut mischen und kurz unter Rühren erwärmen.

5. Zum Servieren die beiseitegelegten Pistazien hacken, den restlichen Feta zerbröckeln. Die Zucchini-Pasta auf tiefen Tellern anrichten, gehackte Pistazien und Feta darauf verteilen, mit dem beiseitegelegten Basilikum garnieren.

Die Ernährungs-Docs

Ein Schuss hochwertiges Hanföl im Pesto optimiert den Gehalt an mehrfach ungesättigten Fettsäuren in diesem Pastagericht. Denn Hanfsamen und -öl enthalten reichlich Omega-3-Fettsäuren, die entzündungshemmend wirken. Gut zu wissen: Omega-3-reiche Öle sollten nicht erhitzt und nicht lange gelagert werden. Daher empfiehlt es sich, das Hanföl am besten dunkel und kühl aufzubewahren.

GRÜNE GEMÜSE-PASTA MIT RICOTTA

1. Nudeln in reichlich kochendem Salzwasser nach Packungsanweisung bissfest garen. Dann in ein Sieb abgießen und abtropfen lassen, dabei 100 ml Nudelkochwasser auffangen.

2. Inzwischen den Brokkoli putzen, waschen und in Röschen teilen, den Strunk schälen und klein würfeln. Frühlingszwiebeln putzen, waschen und in dünne Ringe schneiden. Knoblauch schälen und fein würfeln. Die Zucchini putzen, waschen, erst längs halbieren, dann quer in dünne Scheiben schneiden. Den Spinat verlesen, waschen und trocken schleudern, dabei die groben Stiele entfernen. Die Erbsen etwas antauen lassen. Estragon waschen und trocken tupfen, die Blätter abzupfen und fein hacken.

3. Das Öl in einer großen beschichteten Pfanne erhitzen und den Brokkoli darin bei mittlerer Hitze etwa 3 Minuten unter Rühren andünsten. Dann Frühlingszwiebeln, Knoblauch und Zucchini dazugeben und etwa 3 Minuten mitbraten. Danach Spinat, Erbsen und Estragon hinzufügen, die Brühe angießen und alles mit geschlossenem Deckel bei mittlerer Hitze etwa 2 Minuten köcheln lassen. Mit Salz und Pfeffer abschmecken.

4. Zum Servieren die gegarten Nudeln unter das Gemüse mischen und, falls nötig, noch etwas Nudelkochwasser dazugeben. Die Gemüse-Pasta auf Teller verteilen, zuletzt den Ricotta in Flöckchen daraufsetzen.

Für 2 Personen
Zubereitung: 30 Minuten

150 g Vollkorn-Tagliatelle
Salz
250 g Brokkoli
2 Frühlingszwiebeln
1 Knoblauchzehe
1 kleine Zucchini (ca. 150 g)
100 g junger Spinat
100 g tiefgekühlte Erbsen
2 Stiele Estragon
(ersatzweise ½ TL getr. Estragon)
4 EL Olivenöl
300 ml Gemüsebrühe
Pfeffer aus der Mühle
75 g Ricotta (45 % Fett i. Tr.)

Pro Portion: ca. 640 kcal,
23 g EW, 30 g F, 61 g KH, 17 g BST

Die Ernährungs-Docs

Bei Vollkornnudeln und anderen Vollkornprodukten werden neben dem Mehlkörper auch die Hülle des ganzen Korns, die Kleie und der Keim mitverarbeitet. Deshalb punkten diese Produkte mit komplexen Kohlenhydraten, Ballaststoffen, reichlich Vitaminen, Mineral- und sekundären Pflanzenstoffen. Vollkorn stärkt damit unter anderem unser Mikrobiom, sodass es gut gerüstet ist für den Kampf gegen Entzündungen.

MEDITERRANES GEMÜSE MIT VOLLKORNNUDELN

Für 2 Personen
Zubereitung: 25 Minuten

1 junge Zucchini (ca. 200 g)
1 gelbe Paprikaschote
1 Knoblauchzehe
1 Zweig Rosmarin
200 g Strauchtomaten
40 g schwarze Oliven (ohne Stein)
4 Stiele Basilikum
150 g kurze Dinkel-Vollkornnudeln (z. B. Penne)
Salz
100 g Frischkäse (Halbfettstufe)
1 TL abgeriebene Bio-Zitronenschale
3 EL Olivenöl
Pfeffer aus der Mühle
1–2 EL Aceto balsamico bianco

Pro Portion: ca. 540 kcal,
20 g EW, 22 g F, 57 g KH, 13 g BST

1. Zucchini putzen, waschen, längs halbieren und in etwa ½ cm dünne Scheiben schneiden. Die Paprika vierteln, putzen, waschen und in etwa 1 cm breite Streifen schneiden. Den Knoblauch schälen und fein würfeln. Den Rosmarin waschen, trocken tupfen, die Nadeln abzupfen und fein hacken. Die Tomaten waschen und sechsteln, dabei die Stielansätze entfernen. Oliven abtropfen lassen. Basilikum waschen, trocken tupfen und die Blätter abzupfen.

2. Nudeln in reichlich kochendem Salzwasser nach Packungsanweisung bissfest garen. Anschließend die Nudeln in ein Sieb abgießen und abtropfen lassen, dabei 50 ml Nudelkochwasser auffangen. Inzwischen den Frischkäse mit der Zitronenschale verrühren.

3. In einer großen Pfanne 2 EL Öl erhitzen, Zucchini, Paprika, Knoblauch und Rosmarin darin bei mittlerer Hitze etwa 3 Minuten unter Rühren anbraten. Tomaten dazugeben und etwa 1 Minute mitbraten. Dann alles mit Salz, Pfeffer und Essig würzen.

4. Zum Servieren die Nudeln mit dem Nudelkochwasser, den Oliven und der Hälfte der Basilikumblätter locker mischen. Die Pasta auf tiefe Teller verteilen und mit dem übrigen Öl beträufeln. Den Zitronen-Frischkäse-Mix daraufsetzen und mit dem restlichen Basilikum garnieren.

★ Sie haben die Wahl: Statt mit Frischkäse können Sie die Nudeln auch mit grob zerzupftem Mozzarella oder Mini-Mozzarella-Kugeln anrichten. Auch lecker und kräftiger im Geschmack ist Ziegenkäse.

PENNE MIT PILZEN UND TOMATENRAGOUT

Für 2 Personen
Zubereitung: 40 Minuten

400 g gemischte Pilze (z. B. Austernpilze, Champignons, Kräuterseitlinge)
1 Zwiebel
1 Knoblauchzehe
1 rote Peperoni (Pfefferschote)
1 Zweig Rosmarin
4 Stiele Petersilie
20 g italien. Hartkäse (z. B. Grana padano)
150 g kurze Vollkornnudeln (z. B. Penne)
Salz
150 g tiefgekühlte Erbsen
3 EL Olivenöl
1 Dose Cocktailtomaten (400 g; ersatzweise stückige Tomaten)
Pfeffer aus der Mühle

Pro Portion: ca. 585 kcal, 28 g EW, 21 g F, 62 g KH, 18 g BST

1. Die Pilze putzen, falls nötig, trocken abreiben und grob schneiden. Zwiebel und Knoblauch schälen und in feine Würfel schneiden. Die Peperoni längs halbieren, putzen, waschen und fein würfeln. Rosmarin und Petersilie waschen, trocken tupfen, die Nadeln bzw. Blätter abzupfen und fein hacken. Den Käse fein reiben.

2. Nudeln in reichlich kochendem Salzwasser nach Packungsanweisung bissfest garen. Etwa 2 Minuten vor Ende der Garzeit die gefrorenen Erbsen dazugeben und mitgaren.

3. Inzwischen 2 EL Öl in einer Pfanne erhitzen und die Pilze darin bei starker Hitze etwa 2 Minuten anbraten. Dann bei mittlerer Hitze noch 4 bis 5 Minuten weiterbraten, bis die ausgetretene Flüssigkeit eingekocht ist.

4. Das übrige Öl mit Zwiebel, Knoblauch und Peperoni dazugeben und etwa 2 Minuten mitbraten. Die Tomaten hinzufügen, alles aufkochen und offen bei schwacher Hitze etwa 5 Minuten einkochen. Zuletzt die Kräuter untermischen und das Ragout mit Salz und Pfeffer würzen.

5. Zum Servieren die Nudel-Erbsen-Mischung in ein Sieb abgießen und kurz abtropfen lassen, dann tropfnass zum Ragout geben. Die Hälfte des Käses hinzufügen und kurz untermischen. Die Pasta auf Teller verteilen und mit etwas Pfeffer und dem übrigen Käse bestreuen.

Die Ernährungs-Docs

Tomaten glänzen mit vielen gesunden Eigenschaften: Sie entwässern, senken den Blutdruck und liefern kaum Kalorien. Ihr größter Trumpf ist der sekundäre Pflanzenstoff Lykopin, der als starkes Antioxidanz die Zellen schützt und auch gegen Entzündungen hilft. Das Besondere: Lykopin ist zwar schon in reifen Tomaten reichlich enthalten, wesentlich mehr findet sich aber in gegarten Tomaten und in Tomatenmark.

GEMÜSE-RUCOLA-PASTA MIT AVOCADO-MANDEL-CREME

Für 2 Personen
Zubereitung: 30 Minuten

150 g Dinkel-Vollkornspaghetti
Salz
1 Möhre (ca. 100 g)
1 rote Paprikaschote
200 g bunte Cocktailtomaten
30 g getr. Soft-Tomaten
40 g schwarze Oliven (ohne Stein)
40 g Rucola
1 Avocado
1 Knoblauchzehe
20 g geschälte Mandeln
1 EL Zitronensaft
2 EL Olivenöl
Pfeffer aus der Mühle
1 Handvoll Basilikumblätter

Pro Portion: ca. 620 kcal, 17 g EW, 30 g F, 60 g KH, 19 g BST

1. Nudeln in reichlich kochendem Salzwasser nach Packungsanweisung bissfest garen. Anschließend in ein Sieb abgießen und abtropfen lassen.

2. Inzwischen die Möhre putzen, schälen und mit dem Spiralschneider in lange spaghettifeine Streifen schneiden. Die Paprika längs vierteln, putzen, waschen und quer in dünne Streifen schneiden. Cocktailtomaten waschen und halbieren. Die getrockneten Tomaten in feine Streifen schneiden. Oliven abtropfen lassen und vierteln. Den Rucola verlesen, waschen und trocken schleudern, grobe Stiele entfernen.

3. Für die Mandelcreme die Avocado halbieren, entkernen und das Fruchtfleisch aus den Schalen lösen. Den Knoblauch schälen und fein würfeln. Avocado, Knoblauch und Mandeln mit Zitronensaft, 1 EL Öl und 2 bis 3 EL Wasser in einem hohen Rührbecher mit dem Stabmixer cremig pürieren. Die Creme mit Salz und Pfeffer würzen.

4. Möhren- sowie Paprikastreifen und beide Tomatensorten in einer großen beschichteten Pfanne im übrigen Öl bei mittlerer Hitze 2 bis 3 Minuten andünsten. Zuletzt Nudeln mit Oliven und Rucola untermischen

5. Zum Servieren das Basilikum waschen und trocken tupfen. Gemüse-Rucola-Pasta auf tiefen Tellern anrichten, mit jeweils einem Klecks Creme garnieren und mit Basilikum bestreuen. Die übrige Creme separat dazu reichen.

Die Ernährungs-Docs

Sie lieben Rucola? Das ist gut so! Denn die würzigen Salatblätter versorgen uns rund ums Jahr mit gesunden Scharfstoffen. Rucola zählt zu den Kreuzblütlern, weshalb er reichlich Senfölglykoside (Glukosinolate; siehe Seite 11) enthält. Diese sekundären Pflanzenstoffe wehren den Angriff von freien Sauerstoffradikalen ab und schützen die Zellen vor oxidativem Stress. Entzündungen haben so weniger Chancen!

DINKEL-VOLLKORN-PIZZA MIT FENCHEL UND PAPRIKA

Für 4 Personen
Zubereitung: 30 Minuten
Gehen: 30 Minuten
Backen: 2 x 15 Minuten

250 g Dinkel-Vollkornmehl
Salz
½ Würfel frische Hefe (21 g)
4 EL Olivenöl
1 Fenchelknolle (mit Grün; ca. 300 g)
1 kleine rote Paprikaschote
1 kleiner säuerlicher Apfel (z. B. Elstar)
2 EL Zitronensaft
Pfeffer aus der Mühle
125 g Frischkäse (Halbfettstufe)
2 EL Milch (1,5 % Fett)
125 g Mozzarella
1 EL gehackte Rosmarinnadeln (ersatzweise 2 TL getr. Rosmarin)
Dinkel-Vollkornmehl zum Arbeiten

Pro Portion: ca. 480 kcal, 19 g EW, 21 g F, 50 g KH, 8 g BST

1. Das Mehl mit ½ TL Salz in einer Rührschüssel mischen. Die Hefe mit 150 ml lauwarmem Wasser verrühren und mit den Knethaken des Handrührgeräts unter das Mehl kneten. 2 EL Öl dazugeben und alles glatt verkneten. Falls der Teig zu weich ist, noch etwas Mehl hinzufügen.

2. Den Teig auf der leicht bemehlten Arbeitsfläche nochmals kräftig durchkneten, zu einer Kugel formen und abgedeckt an einem warmen Ort (z.B. im Backofen bei 45 °C) etwa 30 Minuten gehen lassen. Backofen rechtzeitig auf 250 °C vorheizen. Zwei Backbleche mit Backpapier belegen.

3. Währenddessen für den Belag den Fenchel putzen und waschen, das Fenchelgrün beiseitelegen. Fenchelknolle halbieren und den harten Strunk keilförmig herausschneiden, die Hälften auf der Gemüsereibe in dünne Scheiben hobeln. Die Paprika längs vierteln, putzen, waschen und in dünne Streifen schneiden. Den Apfel waschen, vierteln, entkernen und längs in dünne Scheiben schneiden. Den Zitronensaft mit 1 EL Öl, Salz und Pfeffer in einer Schüssel verrühren, Fenchel, Paprika und Apfel untermischen. Frischkäse und Milch glatt verrühren und salzen. Mozzarella in kleine Stücke zupfen.

4. Den Teig kurz durchkneten, halbieren und jede Hälfte rund (ca. 28 cm Durchmesser) ausrollen. Die Teigfladen jeweils auf ein Blech legen und mit Frischkäse bestreichen, dabei einen etwa 2 cm breiten Rand frei lassen. Den Fenchel-Mix abtropfen lassen und auf den Böden verteilen.

5. Die Pizzen mit Salz, Pfeffer, Rosmarin und Mozzarella bestreuen und mit dem restlichen Öl beträufeln. Dann nacheinander im Ofen auf der 2. Schiene von unten jeweils 10 bis 15 Minuten backen. Herausnehmen und zum Servieren mit dem beiseitegelegten Fenchelgrün garnieren.

LAUCH-ZWIEBEL-TARTE MIT LEINSAMEN-VOLLKORN-BODEN

1. Dinkel- und Leinsamenmehl in einer Rührschüssel mit 1 TL Salz und Backpulver mischen. Die Walnüsse fein hacken und untermischen. 4 EL Öl und 200 ml lauwarmes Wasser dazugeben und alles mit den Knethaken des Handrührgeräts zu einem glatten Teig verkneten. Den Teig zu einer Kugel formen und etwa 30 Minuten kühl stellen.

2. Inzwischen den Lauch putzen, waschen, das Weiße und Hellgrüne in dünne Scheiben schneiden. Zwiebeln schälen, halbieren und in Streifen schneiden. Petersilie waschen, trocken tupfen, Blätter abzupfen und fein hacken.

3. Lauch und Zwiebeln in einer großen Pfanne im übrigen Öl bei mittlerer Hitze etwa 5 Minuten dünsten. Mit Salz, Pfeffer und Muskatnuss würzen, vom Herd nehmen und die Petersilie untermischen. Den Backofen auf 200 °C vorheizen. Die Backform gut einfetten und den Teig hineindrücken, dabei einen etwa 2 cm hohen Rand formen. Den Boden mehrmals mit einer Gabel einstechen und im Ofen auf der 2. Schiene von unten etwa 10 Minuten vorbacken.

4. Währenddessen für den Guss den Käse fein reiben und mit Eiern, saurer Sahne, Brühe und Leinsamen verrühren. Das Lauch-Zwiebel-Gemüse mit dem Eierguss mischen und in der Form verteilen. Die Lauchtarte im Ofen auf der 2. Schiene von unten 35 bis 40 Minuten fertig backen. Zum Servieren die Tarte aus dem Ofen nehmen und etwa 10 Minuten abkühlen lassen, dann auf Tellern anrichten.

Für 1 Tarte- oder Springform
(ca. 28 cm Durchmesser; 6 Stücke)
Zubereitung: 30 Minuten
Kühlen: 30 Minuten
Backen: 50 Minuten

200 g Dinkel-Vollkornmehl
75 g Leinsamenmehl, Salz
1 TL Weinsteinbackpulver
50 g Walnusskerne
5 EL Olivenöl
600 g Lauch
2 große rote Zwiebeln
½ Bund Petersilie
Pfeffer aus der Mühle
frisch geriebene Muskatnuss
Fett für die Form
50 g Emmentaler
(am Stück; mind. 45 % Fett i. Tr.)
3 Eier (Größe M)
150 g saure Sahne (10 % Fett)
80 ml Gemüsebrühe
3 EL Leinsamen

Pro Stück: ca. 510 kcal,
20 g EW, 33 g F, 28 g KH, 11 g BST

Die Ernährungs-Docs

Zwiebel und Lauch gelten als natürliche Antibiotika. Verantwortlich dafür sind entzündungshemmende Sulfide: Diese Scharfmacher bekämpfen nicht nur Bakterien, Viren und Pilze, sie regen im Körper auch die Immunabwehr an und schützen unsere Gefäße. In den Pflanzen liegen sie nur als inaktive Vorstufe vor. Erst wenn das Gemüse geschnitten wird, aktivieren Enzyme die Schwefelverbindungen – und lassen die Tränen fließen.

BROKKOLI-TOFU-WOK

1. Knoblauch schälen und fein würfeln. Ingwer schälen und fein reiben. Beides mit Sesamöl mischen. Tofu in etwa 1 cm große Würfel schneiden und im Würzöl abgedeckt etwa 30 Minuten marinieren. Mandeln in einer Pfanne ohne Fett anrösten, herausnehmen und abkühlen lassen.

2. Den Brokkoli putzen, waschen und in Röschen teilen. Den Strunk schälen und in etwa 1 cm große Würfel schneiden. Die Paprika längs vierteln, putzen, waschen und in Streifen schneiden. Zwiebel schälen, halbieren und in feine Streifen schneiden. Chilischote längs halbieren, putzen, waschen und fein würfeln.

3. Den Tofu im Wok in 1 EL Olivenöl bei starker Hitze 3 bis 4 Minuten unter Wenden anbraten. Salzen, herausnehmen und beiseitestellen. Brokkoli, Paprika, Zwiebel und Chili im Wok im übrigen Öl etwa 2 Minuten anbraten. Brühe und Sojasauce dazugießen und alles mit geschlossenem Deckel bei mittlerer Hitze etwa 5 Minuten bissfest garen.

4. Zum Servieren die Sprossen in einem Sieb abbrausen und abtropfen lassen, mit dem Tofu und den Mandeln unter das Wokgemüse mischen. Alles nochmals mit Salz, Pfeffer, Limettensaft und Sojasauce abschmecken und auf Schalen verteilen. Dazu schmeckt pro Person etwa 50 g Vollkorn-Basmatireis (roh gewogen).

Für 2 Personen
Zubereitung: 35 Minuten
Marinieren: 30 Minuten

1 Knoblauchzehe
10 g Ingwer
2 TL geröstetes Sesamöl
250 g Tofu
50 g geschälte Mandeln
400 g Brokkoli
1 große rote Paprikaschote
1 rote Zwiebel
1 kleine rote Chilischote
3 EL Olivenöl
Salz
¼ l vegane Gemüsebrühe
2–3 EL vegane Sojasauce (z. B. Tamari)
50 g Mungobohnensprossen
Pfeffer aus der Mühle
1–2 EL Limettensaft

Pro Portion: ca. 630 kcal, 35 g EW, 44 g F, 17 g KH, 12 g BST

GRÜNKOHL-BUCHWEIZEN-PFANNE

Für 2 Personen
Zubereitung: 40 Minuten

100 g Buchweizen
¼ l vegane Gemüsebrühe
140 g Grünkohl (ohne Strunk)
Salz
300 g Möhren
1 Glas Kichererbsen
(125 g Abtropfgewicht)
½ Bio-Limette
1 Knoblauchzehe
3 EL Olivenöl
Pfeffer aus der Mühle
2 Msp. Cayennepfeffer
5 Stiele Petersilie
150 g vegane Joghurtalternative
auf Sojabasis
1 EL kalt gepresstes Hanföl

Pro Portion: ca. 560 kcal,
15 g EW, 26 g F, 60 g KH, 11 g BST

1. Buchweizen in einem Sieb abbrausen, in einem Topf in der Brühe einmal aufkochen und mit halb geschlossenem Deckel bei schwacher Hitze 20 bis 25 Minuten köcheln lassen, dabei ab und zu umrühren. Abgedeckt warm halten.

2. Inzwischen die Grünkohlblätter abzupfen und die Stiele entfernen. Grünkohl waschen und in reichlich kochendem Salzwasser etwa 2 Minuten blanchieren. Abgießen, kalt abschrecken, abtropfen lassen und grob hacken.

3. Möhren putzen, schälen und in dünne Scheiben schneiden. Kichererbsen in einem Sieb abbrausen und abtropfen lassen. Limette heiß waschen, abtrocknen, 1 TL Schale fein abreiben, die Limette auspressen. Den Knoblauch schälen und fein würfeln, mit Grünkohl, 2 EL Olivenöl, 2 TL Limettensaft, Salz, Pfeffer und Cayennepfeffer im Blitzhacker zerkleinern. Möhren in einer großen Pfanne im übrigen Öl 5 bis 6 Minuten andünsten, Grünkohl-Mix und Kichererbsen 3 bis 4 Minuten mitdünsten, salzen und pfeffern.

4. Für den Dip die Petersilie waschen, trocken tupfen, die Blätter abzupfen und einige zum Garnieren beiseitelegen. Den Rest fein hacken und mit Joghurt, Limettenschale, 1 EL Limettensaft, Hanföl und etwas Salz glatt verrühren. Zum Servieren Buchweizen und Gemüse auf Tellern anrichten, mit etwas Dip beträufeln und mit der Petersilie garnieren. Den übrigen Dip separat dazu reichen.

GRÜNKERNBRATLINGE MIT ROTE-BETE-SPITZKOHL-SALAT

1. Zwiebel und Knoblauch schälen, fein würfeln und in einem Topf in 1 EL Öl bei mittlerer Hitze etwa 2 Minuten andünsten. Den Grünkernschrot und die Brühe dazugeben. Alles einmal aufkochen, danach mit geschlossenem Deckel bei schwacher Hitze etwa 10 Minuten köcheln lassen, dabei ab und zu umrühren. Danach die Grünkernmischung in einer Schüssel lauwarm abkühlen lassen.

2. Inzwischen für das Dressing Joghurt, Meerrettich, Zitronensaft, Salz und Pfeffer in einer Schüssel glatt verrühren. Spitzkohl putzen, waschen und in feine Streifen schneiden. Die Rote Bete in etwa 1 cm große Würfel schneiden (Achtung, sie färbt stark ab!). Den Apfel waschen, vierteln und entkernen, die Apfelviertel erst in dünne Scheiben, dann in feine Streifen schneiden. Kohl, Rote Bete und Apfel zum Dressing geben und untermischen.

3. Den etwas abgekühlten Grünkern-Mix mit Ei und Bröseln mischen, salzen, pfeffern und alles gut verkneten. Aus der Masse mit angefeuchteten Händen sechs Bratlinge formen und in einer großen Pfanne im restlichen Öl bei mittlerer Hitze auf jeder Seite 3 bis 4 Minuten goldbraun braten. Herausnehmen und auf Küchenpapier abtropfen lassen.

4. Inzwischen die Nüsse grob hacken. Schnittlauch waschen, trocken tupfen und in feine Röllchen schneiden. Den Salat nochmals mit Salz und Pfeffer abschmecken. Mit den Bratlingen auf Tellern anrichten und mit Nüssen und Schnittlauch bestreuen.

★ Grünkernschrot bekommen Sie im Bio-Supermarkt oder Reformhaus. Sie sollten ihn möglichst rasch verbrauchen, denn wegen seines hohen Fettgehalts wird er leicht ranzig.

Für 2 Personen
Zubereitung: 1 Stunde

1 Zwiebel
1 Knoblauchzehe
3 EL Olivenöl
100 g Grünkernschrot
220 ml Gemüsebrühe
150 g Joghurt (3,5 % Fett)
2 TL ger. Meerrettich (aus dem Glas)
1 EL Zitronensaft
Salz, Pfeffer aus der Mühle
250 g Spitzkohl
150 g Rote Bete (vorgegart und vakuumiert)
1 kleiner säuerlicher Apfel (z. B. Elstar)
1 Ei (Größe M)
2 EL Dinkel-Vollkornsemmelbrösel
1 EL Walnusskerne
¼ Bund Schnittlauch

Pro Portion: ca. 620 kcal, 19 g EW, 30 g F, 61 g KH, 13 g BST

WINTEROFENGEMÜSE MIT ZIEGENKÄSETALERN

Für 2 Personen
Zubereitung: 30 Minuten
Garen: 30 Minuten

250 g Hokkaidokürbis
1 Rote Bete (ca. 200 g)
150 g Topinambur
150 g Pastinaken
1 rote Zwiebel
1 Knoblauchzehe
6 Stiele Thymian
4 EL Olivenöl
½ TL gemahlener Koriander
Salz, Pfeffer aus der Mühle
200 g Wirsing
4 Ziegenfrischkäsetaler (à ca. 40 g)

Pro Portion: ca. 500 kcal,
14 g EW, 32 g F, 30 g KH, 17 g BST

1. Den Backofen auf 200 °C vorheizen. Ein Backblech mit Backpapier belegen. Den Kürbis waschen und die Kerne mit einem Löffel entfernen. Die Rote Bete putzen und schälen (Achtung, sie färbt stark ab!). Beides in etwa 2 cm große Stücke schneiden. Den Topinambur putzen, dünn schälen und in etwa 1 cm dicke Scheiben schneiden. Die Pastinaken putzen, schälen, längs halbieren oder vierteln und in 4 bis 5 cm breite Stücke schneiden. Die Zwiebel schälen und in Spalten schneiden.

2. Den Knoblauch schälen und fein würfeln. Den Thymian waschen, trocken tupfen und von 3 Stielen die Blätter abzupfen. Knoblauch, Thymianblätter, 2 EL Öl, Koriander, Salz und Pfeffer in einer Schüssel verrühren. Das vorbereitete Gemüse untermischen, auf dem Blech verteilen und im Ofen auf der mittleren Schiene etwa 20 Minuten rösten.

3. Inzwischen den Wirsing in die einzelnen Blätter zerlegen, waschen und trocken tupfen, dabei die harten Mittelrippen entfernen. Die Blätter in mundgerechte Stücke zupfen und in einer Schüssel mit 1 EL Öl, Salz und Pfeffer mischen.

4. Nach etwa 20 Minuten Garzeit den Wirsing zum Gemüse auf das Blech geben und gut verteilen, die Ziegenkäsetaler und die restlichen Thymianzweigen ebenfalls daraufsetzen. Alles mit übrigem Öl beträufeln und im Ofen bei gleicher Einstellung noch etwa 10 Minuten garen. Dabei aufpassen, dass der Wirsing nicht verbrennt.

5. Zum Servieren das Gemüse aus dem Ofen nehmen und mit dem Ziegenkäse auf Tellern anrichten.

★ Ofengemüse im Sommer? Warum nicht! Zucchini, Paprika, Brokkoli, Blumenkohl, grüner Spargel und Spitzkohl oder junger Weißkohl vom heißen Blech können dann für bunte Abwechslung auf dem Teller sorgen.

KIMCHI-BRATREIS MIT EIERN

1. Am Vortag den Reis in einem Sieb abbrausen und in einem Topf in 300 ml Salzwasser nach Packungsanweisung 30 bis 35 Minuten garen. Dann in ein Sieb abgießen, gut abtropfen und vollständig auskühlen lassen. Über Nacht im Kühlschrank aufbewahren.

2. Am nächsten Tag die Zwiebel schälen, halbieren und in feine Streifen schneiden. Die Paprikaschoten vierteln, putzen, waschen und in etwa 1 cm große Würfel schneiden. Den Kimchi abtropfen lassen. Die Frühlingszwiebeln putzen, waschen und in dünne Ringe schneiden. Die Eier in kochendem Wasser 6 bis 7 Minuten wachsweich kochen, danach kalt abschrecken und pellen.

3. Inzwischen das Öl im Wok erhitzen und die Zwiebel darin bei mittlerer Hitze etwa 2 Minuten unter Rühren anbraten. Paprika und Kimchi hinzufügen und 1 bis 2 Minuten mitbraten. Gegarten Reis und Cashewkerne dazugeben, alles noch 2 bis 3 Minuten braten und gut mischen.

4. Zum Servieren den Bratreis mit Sojasauce abschmecken und auf Tellern anrichten. Die Eier halbieren und daraufsetzen, mit Frühlingszwiebeln und Sesam bestreuen.

Für 2 Personen
Zubereitung: 30 Minuten
Garen: 35 Minuten
Kühlen: 8 Stunden (über Nacht)

120 g Vollkorn-Basmatireis
Salz
1 kleine rote Zwiebel
je 1 kleine rote und gelbe Paprikaschote
100 g Kimchi (korean. fermentierter Chinakohl; aus dem Kühlregal)
2 Frühlingszwiebeln
2 Eier (Größe M)
2 EL Sesamöl (ersatzweise Rapsöl)
2 EL Cashewkerne
1–2 EL Sojasauce (z. B. Tamari)
2 TL dunkle Sesamsamen

Pro Portion: ca. 580 kcal,
20 g EW, 27 g F, 60 g KH, 8 g BST

MANGOLD-QUINOA-BOWL

1. Quinoa in einem Sieb abbrausen, mit 200 ml Salzwasser in einem Topf aufkochen und mit geschlossenem Deckel bei schwacher Hitze 20 bis 25 Minuten garen. Warm halten.

2. Inzwischen die Kerne in einer Pfanne ohne Fett anrösten, herausnehmen und abkühlen lassen. Erbsen mit kochendem Wasser übergießen, etwa 5 Minuten ziehen lassen, dann in ein Sieb abgießen und abtropfen lassen. Die Zitrone heiß waschen, abtrocknen, die Schale fein abreiben und die Hälfte auspressen. Erbsen, Zitronenschale und 1 EL Zitronensaft mit 1 bis 2 EL Wasser in einem hohen Rührbecher mit dem Stabmixer pürieren, salzen und pfeffern.

3. Zwiebel und Knoblauch schälen und fein würfeln. Den Mangold putzen, waschen, Stiele von den Blättern trennen und in etwa 1 cm breite Streifen, Blätter in etwa 2 cm breite Streifen schneiden. Tomaten waschen und halbieren. Zwiebel, Knoblauch und Mangoldstiele in einer Pfanne in 2 EL Öl bei mittlerer Hitze etwa 3 Minuten anbraten. Mangoldblätter und übrigen Zitronensaft etwa 2 Minuten mitdünsten, alles mit Salz, Pfeffer und Pul Biber würzen.

4. Zum Servieren den Seidentofu mit dem übrigen Öl glatt verrühren. Basilikum waschen und trocken tupfen. Die Quinoa auf Schalen verteilen und Mangoldgemüse, Tomaten und Erbsenmus darauf anrichten. Seidentofu daraufsetzen und alles mit Salatkernen und Basilikum bestreuen.

Für 2 Personen
Zubereitung: 35 Minuten

100 g bunte Quinoa-Mischung („Tricolore")
Salz
2 EL Salatkerne-Mix (z. B. Kürbis-, Pinien- und Sonnenblumenkerne)
150 g tiefgekühlte Erbsen
½ Bio-Zitrone
Pfeffer aus der Mühle
1 kleine Zwiebel
1 Knoblauchzehe
250 g Mangold (am besten rot- oder gelbstielig)
125 g Cocktailtomaten
3 EL Olivenöl
¼ TL Pul Biber (scharfe Paprikaflocken)
100 g Seidentofu
4–6 Basilikumblätter

Pro Portion: ca. 520 kcal
20 g EW, 26 g F, 44 g KH, 11 g BST

GEDÄMPFTES GEMÜSE MIT KARTOFFELN UND GRÜNER SAUCE

1. Das Gemüse je nach Sorte putzen und waschen bzw. schälen, dabei das Fenchel- und Kohlrabigrün zum Garnieren beiseitelegen. Die Möhren längs halbieren oder vierteln. Den Fenchel in dünne Spalten schneiden. Den Kohlrabi vierteln und in Scheiben schneiden. Die Zuckerschoten ganz lassen. Die Kartoffeln mit der Gemüsebürste gründlich waschen und samt Schale vierteln.

2. Einen großen flachen Topf etwa 5 cm hoch mit Wasser füllen und etwas Salz hinzufügen. Einen Dämpfeinsatz in den Topf stellen, das Gemüse und die Kartoffeln darin verteilen und mit Salz und Pfeffer würzen. Alles mit geschlossenem Deckel einmal aufkochen, dann bei mittlerer Hitze etwa 25 Minuten garen. Inzwischen die Eier in kochendem Wasser etwa 10 Minuten hart garen. Herausnehmen, kalt abschrecken und abkühlen lassen.

3. Für die grüne Sauce die Kräuter waschen, trocken tupfen, die Blätter abzupfen und mit Schmand und Joghurt in einem hohen Rührbecher mit dem Stabmixer so lange pürieren, bis eine grüne Sauce entstanden ist. Mit Essig, Salz und Pfeffer abschmecken.

4. Zum Servieren die Eier pellen und halbieren, dann mit der grünen Sauce, Gemüse und Kartoffeln auf Tellern anrichten. Alles mit Leinöl beträufeln und mit dem beiseitegelegten Gemüsegrün bestreuen.

Für 2 Personen
Zubereitung: 45 Minuten

200 g junge Möhren
1 kleine Fenchelknolle (mit Grün; ca. 200 g)
1 junger Kohlrabi (ca. 300 g)
150 g Zuckerschoten
300 g kleine festkochende Kartoffeln (z. B. Drillinge)
Salz, Pfeffer aus der Mühle
2 Eier (Größe M)
100 g gemischte Kräuter (z. B. Basilikum, Estragon, Kerbel, Kresse, Petersilie, Schnittlauch)
100 g Schmand (24 % Fett)
100 g Joghurt (1,5 % Fett)
2 TL Weißweinessig
2 EL Leinöl

Pro Portion: ca. 565 kcal, 22 g EW, 27 g F, 50 g KH, 13 g BST

Die Ernährungs-Docs

Grüne Sauce ist ein echter Klassiker unter den Kräutersaucen! Sie passt auch zu vielen anderen Gerichten und sollte ruhig öfter auf den Tisch kommen. Denn alle Kräuter verwöhnen uns mit Vitamin C sowie weiteren antioxidativ wirksamen Substanzen: Seien es Senfölglykoside in der Kresse, Sulfide im Schnittlauch oder ätherische Öle in der Petersilie. Alles, was oxidative Schäden abwehrt, hilft auch im Kampf gegen Entzündungen.

WIRSINGSPALTEN MIT ROTEM REIS UND ZIEGENKÄSECREME

Für 2 Personen
Zubereitung: 40 Minuten

100 g Camargue-Reis (roter Naturreis; ersatzweise herkömmlicher Naturreis)
Salz
½ Wirsing (ca. 500 g)
2 EL Rapsöl
Pfeffer aus der Mühle
¼ TL Chiliflocken
2 TL flüssiger Honig
200 ml Gemüsebrühe
75 g Ziegenfrischkäse (45 % Fett i. Tr.)
100 g Joghurt (1,5 % Fett)
½ Bund Petersilie
1 EL Walnussöl

Pro Portion: ca. 500 kcal, 14 g EW, 24 g F, 52 g KH, 7 g BST

1. Den Reis in einem Sieb abbrausen und in einem Topf in 600 ml kochendem, leicht gesalzenen Wasser mit geschlossenem Deckel bei schwacher Hitze etwa 30 Minuten garen, bis die Schale aufgeplatzt und das helle Korn zu sehen ist.

2. Inzwischen die Wirsinghälfte putzen, waschen und in 4 bis 6 Spalten schneiden. Den Strunk nur so weit entfernen, dass die Spalten noch zusammenhängen. Danach in einer großen Pfanne im Rapsöl bei mittlerer bis starker Hitze auf beiden Seiten 3 bis 4 Minuten anbraten. Mit Salz, Pfeffer und Chiliflocken würzen, mit dem Honig beträufeln und etwa 2 Minuten leicht karamellisieren lassen. Dann die Brühe dazugießen und den Wirsing mit geschlossenem Deckel bei mittlerer Hitze noch etwa 10 Minuten dünsten.

3. Währenddessen für die Creme Ziegenkäse und Joghurt in einem hohen Rührbecher mit dem Stabmixer cremig pürieren, salzen und pfeffern. Petersilie waschen, trocken tupfen, die Blätter abzupfen und fein hacken.

4. Den Reis in ein Sieb abgießen und kurz ausdampfen lassen, anschließend die Hälfte der Petersilie und das Walnussöl untermischen. Zum Servieren den Reis mit je 2 bis 3 Wirsingspalten auf Tellern anrichten. Etwas Ziegenkäsecreme darüberträufeln, den Rest dazu reichen. Zuletzt mit der übrigen Petersilie bestreuen.

Die Ernährungs-Docs

Hätten Sie's gewusst? Kohlgemüse wie Wirsing, Grünkohl und Co. enthält mehr antioxidatives und damit entzündungshemmendes Vitamin C als Orangen. Zudem punktet Kohl als Mitglied der Kreuzblütler-Familie mit Senfölglykosiden (Glucosinolaten), die ebenfalls Entzündungen ausbremsen. Nicht zu vergessen: Kohl liefert eine große Menge an Ballaststoffen und fördert so ein vielfältiges und aktives Mikrobiom.

TEMPEH-BRATLINGE MIT BUNTEM KARTOFFELSALAT

Für 2 Personen
Zubereitung: 45 Minuten

½ Dinkel-Vollkornbrötchen (ca. 30 g)
200 g Tempeh natur
1 kleine rote Zwiebel
1 Knoblauchzehe
4 Stiele Petersilie
1 EL zarte Haferflocken
2 TL scharfer Senf
Salz, Pfeffer aus der Mühle
300 g gegarte kleine festkochende Pellkartoffeln (vom Vortag; z. B. Drillinge)
200 g Salatgurke
8 Radieschen
2 EL Aceto balsamico bianco
4 EL Olivenöl
4 Stiele Dill

Pro Portion: ca. 550 kcal, 24 g EW, 29 g F, 41 g KH, 12 g BST

1. Das Brötchen in dünne Scheiben schneiden und in kaltem Wasser 5 bis 10 Minuten einweichen. Den Tempeh grob schneiden und im Blitzhacker portionsweise fein zerkleinern. Zwiebel und Knoblauch schälen und fein würfeln. Die Petersilie waschen, trocken tupfen, die Blätter abzupfen und fein hacken.

2. Das Brötchen gut ausdrücken und mit Tempeh, Zwiebel, Knoblauch, Petersilie und Haferflocken in eine Schüssel geben. Mit Senf, Salz und Pfeffer würzen. Alles gründlich verkneten und etwa 15 Minuten ziehen lassen.

3. Inzwischen die Kartoffeln pellen und in Scheiben schneiden. Die Gurke putzen, waschen, längs vierteln, entkernen und in etwa 1 cm breite Stücke schneiden. Die Radieschen putzen, waschen und in Spalten schneiden.

4. Für die Vinaigrette den Essig mit 4 EL Wasser, Salz, Pfeffer und 2 EL Öl in einer Salatschüssel verquirlen. Dill waschen, trocken tupfen, die Spitzen abzupfen und einige zum Garnieren beiseitelegen, den Rest fein hacken. Die Kartoffeln, Gurken und Radieschen unter die Vinaigrette heben und den Kartoffelsalat etwas ziehen lassen.

5. Währenddessen aus der Tempeh-Masse mit angefeuchteten Händen 6 bis 8 Taler formen und in einer großen beschichteten Pfanne im restlichen Öl bei mittlerer Hitze auf jeder Seite etwa 5 Minuten hellbraun braten. Herausnehmen und auf Küchenpapier abtropfen lassen.

6. Zum Servieren den Kartoffelsalat nochmals mit Salz und Pfeffer abschmecken und mit den Bratlingen auf Tellern anrichten. Mit den beiseitegelegten Dillspitzen garnieren.

BRINGEN SIE IHREN DARM AUF ZACK

Die große Bedeutung der winzig kleinen Darmbakterien wurde erst in den letzten Jahren intensiv erforscht. Heute weiß man sehr genau, was unser Darm mit seinem sensiblen Mikrobiom wirklich braucht, um uns gesund zu halten und Entzündungen zu bekämpfen. Lesen Sie hier, was dem Mikrobiom guttut und was es ärgert.

DAS MAG DER DARM

GEMÜSE UND OBST ✓

Würde man den Darm nach seinem Lieblingsessen fragen, stünde Gemüse ganz oben. Es liefert optimales „Futter“ in Form von Ballaststoffen. Auch Obst ist auf diesem Gebiet spitze, sollte aber wegen seines hohen Fruchtzuckergehalts nur in Maßen auf den Speiseplan.

VOLLES KORN ✓

Vollkornprodukte liefern wichtige Ballaststoffe, aus denen unsere Darmbakterien günstige kurzkettige Fettsäuren herstellen. Diese wandern weiter ins Blutsystem und können so an verschiedenen Stellen im Körper antioxidativ wirken und Entzündungen lindern. Mehl aus dem vollen Korn bietet entzündungshemmende Omega-3-Fettsäuren und Antioxidanzien, die Mikrobiom und Immunsystem stärken.

MIT SCHALE ✓

Ob aus Obst oder Gemüse: Die meisten Ballaststoffe (und auch sekundären Pflanzenstoffe) finden sich direkt in oder unter der Schale. Es lohnt sich also, wann immer es möglich ist, die äußere Schutzschicht nicht abzuschneiden. Kaufen Sie deshalb unbehandeltes Biogemüse und -obst und waschen Sie es gut ab.

RESISTENTE STÄRKE ✓

Diese besonders wertvolle Ballaststoffsorte stärkt das Mikrobiom und schützt vor Entzündungen. Sie entsteht aus einem Teil der enthaltenen Kohlenhydrate, wenn man gegarte Kartoffeln, Nudeln oder Reis 12 bis 14 Stunden abkühlen lässt, und wird nicht zerstört, wenn man diese Lebensmittel wieder erhitzt. Hülsenfrüchte liefern von Natur aus resistente Stärke.

PRÄ- UND PROBIOTIKA ✓

Sie gehören zu den Lieblingen unseres Darms. Sogenannte Präbiotika sind meist unverdauliche Kohlenhydrate (Oligosaccharide und -fructose), die unsere „guten“ Darmbakterien zum Wachsen anregen. Sie finden sich nicht nur in Obst und Gemüse, sondern auch in Lein-, Chia- und Flohsamen. Probiotisch wirken unter anderem milchsauer vergorene Lebensmittel wie Joghurt, Kefir, Sauerkraut und Miso.

FAKTEN-CHECK BALLASTSTOFFE

- Ballaststoffe kommen hauptsächlich **in pflanzlichen Lebensmitteln** vor. Sie bestehen aus aneinandergereihten Zuckermolekülen, sind also langkettige Kohlenhydrate. **30 Gramm** sollten wir täglich aufnehmen.
- Lösliche Ballaststoffe **binden Wasser** im Körper, unlösliche sind **wertvolles „Futter“** für gesunde Darmbakterien.
- Ballaststoffe regen die Produktion von Speichel und Verdauungssäften an, sodass **Heißhunger ausgebremst** wird. Das verstärkt sich auch dadurch, dass die Pflanzenfasern in Magen und Darm aufquellen.
- Ballaststoffe vergrößern so das Stuhlvolumen und kurbeln die Darmbewegung an. Das **beugt Verstopfungen vor,** macht den Stuhl weicher und bringt die Verdauung auf Trab. Giftstoffe werden schneller wieder ausgeschieden.

DAS MAG DER DARM NICHT

SCHLECHTE ERNÄHRUNG

Zu viel Zucker, ungesunde Fette, Alkohol, Fertiggerichte mit schädlichen Zusatzstoffen und schnell verdauliche Kohlenhydrate im Übermaß – der Darm wehrt sich gegen solche Attacken auf seine Art. Er reagiert mit Blähungen, Verstopfung, Schmerzen und Durchfall.

STRESS UND ÜBERLASTUNG

Wenn wir ständig unter Druck stehen, schlägt uns das sprichwörtlich auf den Magen – unter anderem, weil Stresshormone den Appetit anregen, den Blutzuckerspiegel ansteigen lassen und das Sättigungsgefühl dämpfen. Die Lust auf Ungesundes steigt.

BEWEGUNGSMANGEL

Wer seine Tage überwiegend im Sitzen verbringt, lässt das Mikrobiom verarmen. Untersuchungen haben gezeigt, dass jede Form von Sport und Bewegung die Vielfalt der Darmbakterien erhöht. Dabei gilt: Je länger und ausdauernder man trainiert, desto besser.

KEINE ESSPAUSEN

Unser Darm hat viel zu tun. Er muss rund um die Uhr verdauen, transportieren und säubern. Dafür braucht er Zeit und Ruhe. Wer ihm die nicht gibt, weil er zum Beispiel ständig snackt – und seien es nur Kleinigkeiten –, stresst das Organ unnötig.

ANTIBIOTIKA

Wer Antibiotika einnehmen muss, bringt sein Mikrobiom durcheinander. Obwohl die Medikamente oft Leben retten, rotten sie nützliche Bakterien regelrecht aus. Fehlen im Mikrobiom zu viele „gute“ Bakterien und ist zusätzlich die Darmwand sehr durchlässig (das Leaky-Gut-Syndrom), können entzündungsfördernde Substanzen leichter ins Blut und damit in den gesamten Stoffwechsel gelangen.

ROTES BLUMENKOHLCURRY MIT MEERESFRÜCHTEN

Für 2 Personen
Zubereitung: 40 Minuten

300 g tiefgekühlte Meeresfrüchtemischung
2 Schalotten
10 g Ingwer
1 Knoblauchzehe
300 g Blumenkohl
2 Möhren
2 EL Sesamöl (ersatzweise Rapsöl)
3 TL rote Thai-Currypaste
200 ml fettreduzierte Kokosmilch (12 % Fett)
200 ml Gemüsebrühe
150 g Zuckerschoten
1 Glas Kichererbsen (125 g Abtropfgewicht)
1 TL Johannisbrotkernmehl
Salz, Pfeffer aus der Mühle
2 Stiele Thai-Basilikum
4 Bio-Limettenspalten

Pro Portion: ca. 490 kcal, 37 g EW, 20 g F, 33 g KH, 14 g BST

1. Die Meeresfrüchte nach Packungsanweisung auftauen lassen. Inzwischen die Schalotten schälen und vierteln, Ingwer und Knoblauch schälen und fein würfeln. Den Blumenkohl putzen, waschen und in Röschen teilen, den Strunk schälen und würfeln. Die Möhren putzen, schälen und schräg in etwa ½ cm dünne Scheiben schneiden.

2. Das Öl in einem Topf erhitzen und Schalotten, Ingwer, Knoblauch, Blumenkohl und Möhren darin etwa 2 Minuten andünsten. Die Currypaste einrühren und kurz mitdünsten. Mit Kokosmilch und Brühe ablöschen, einmal aufkochen und mit geschlossenem Deckel bei mittlerer Hitze etwa 10 Minuten garen.

3. Inzwischen die Meeresfrüchte in einem Sieb kalt abbrausen und trocken tupfen. Zuckerschoten putzen, waschen und größere Exemplare schräg halbieren. Kichererbsen in einem Sieb abbrausen und abtropfen lassen.

4. Das Johannisbrotkernmehl mit 2 EL kaltem Wasser in einer Tasse verrühren, in das Curry geben und alles unter Rühren aufkochen. Mit Salz und Pfeffer abschmecken. Meeresfrüchte, Zuckerschoten und Kichererbsen untermischen und das Curry dann mit geschlossenem Deckel bei schwacher Hitze noch 5 bis 8 Minuten köcheln lassen.

5. Zum Servieren das Basilikum waschen und trocken tupfen, die Blätter abzupfen und grob hacken. Das Blumenkohlcurry auf tiefe Teller verteilen, mit Basilikum bestreuen und mit Limettenspalten garnieren. Dazu passt pro Person etwa 50 g Vollkorn-Basmatireis (roh gewogen; das Gericht ist dann jedoch nicht mehr low carb).

★ Nehmen Sie zum Anbraten am besten helles Sesamöl aus ungerösteten Samen. Es schmeckt mild und lässt sich im Gegensatz zu dunklem geröstetem Sesamöl stark erhitzen.

SCHARFE GARNELEN-PASTA MIT BIMI UND BASILIKUM

1. Nudeln in reichlich kochendem Salzwasser nach Packungsanweisung bissfest garen. Die Nudeln in ein Sieb abgießen und abtropfen lassen, 50 ml Nudelkochwasser auffangen.

2. Währenddessen die Garnelen auftauen lassen. Bimi putzen, waschen und die Endstücke abschneiden, Bimi grob in Stücke schneiden. Die Frühlingszwiebeln putzen, waschen, das Weiße und Hellgrüne schräg in etwa 2 cm lange Stücke schneiden. Die Tomaten waschen und halbieren.

3. In einer großen Pfanne 1 EL Öl erhitzen. Die Garnelen in einem Sieb kalt abbrausen, trocken tupfen und im Öl bei mittlerer bis starker Hitze auf jeder Seite 1 bis 2 Minuten braten. Mit Salz und ¼ TL Chiliflocken würzen, herausnehmen und beiseitestellen.

4. Das übrige Öl in der Pfanne erhitzen und den Bimi darin bei mittlerer bis starker Hitze etwa 3 Minuten unter Rühren braten. Die Frühlingszwiebeln dazugeben und etwa 2 Minuten mitbraten. Das Tomatenmark hinzufügen und kurz mitrösten, mit Salz und ¼ TL Chiliflocken würzen. Brühe und Sahne dazugießen, das Gemüse unter Rühren einmal aufkochen, dann mit geschlossenem Deckel bei mittlerer Hitze noch etwa 5 Minuten garen.

5. Zum Servieren die Basilikumblätter waschen und trocken tupfen. Nudeln, Garnelen und Tomaten vorsichtig unter das Gemüse mischen, mit Salz und übrigen Chiliflocken abschmecken und noch 2 bis 3 Minuten ziehen lassen. Falls nötig, noch 4 bis 5 EL Nudelkochwasser dazugeben. Die Garnelen-Pasta auf tiefen Tellern anrichten und mit Basilikum bestreuen.

Für 2 Personen
Zubereitung: 35 Minuten

120 g Dinkel-Vollkornspaghetti
Salz
200 g tiefgekühlte Riesengarnelen (roh, geschält)
300 g Bimi (ersatzweise Brokkoliröschen)
4 Frühlingszwiebeln
150 g Cocktailtomaten
3 EL Olivenöl
½–1 TL Chiliflocken
2 TL Tomatenmark
150 ml Gemüsebrühe
75 g Sahne
6 Basilikumblätter

Pro Portion: ca. 660 kcal, 35 g EW, 32 g F, 51 g KH, 15 g BST

LACHS-GEMÜSE-RAGOUT

1. Den Spargel waschen, im unteren Drittel schälen und die holzigen Enden abschneiden. Spargel schräg in etwa 2 cm lange Stücke schneiden. Die Möhren putzen, schälen und schräg in dünne Scheiben schneiden. Blumenkohl putzen, waschen und in Röschen teilen. Den Kohlrabi putzen und das Grün beiseitelegen, den Kohlrabi schälen und in etwa 1 cm dicke Spalten schneiden. Den Fisch waschen, trocken tupfen und in etwa 2½ cm große Stücke schneiden.

2. Die Butter und das Öl in einem Topf erhitzen, das Gemüse darin bei mittlerer Hitze 2 bis 3 Minuten unter Wenden anbraten. Mehl darüberstäuben und kurz mitdünsten. Brühe und Milch dazugießen, alles aufkochen und mit geschlossenem Deckel bei mittlerer Hitze 5 bis 7 Minuten garen.

3. Danach das Ragout mit Salz, Pfeffer und Zitronenschale würzen. Die Lachsstücke auf das Gemüse legen und mit geschlossenem Deckel bei schwacher Hitze 5 bis 7 Minuten gar ziehen lassen.

4. Zum Servieren den Kerbel waschen, trocken tupfen, die Blätter abzupfen und mit dem Kohlrabigrün fein hacken. Das Ragout mit Salz und Zitronensaft abschmecken, die Hälfte der Kräuter unterheben. Das Ragout auf Teller verteilen und mit übrigen Kräutern bestreuen. Dazu passt pro Person noch 50 g Vollkorn-Wildreis-Mischung (roh gewogen; das Gericht ist dann jedoch nicht mehr low carb).

Für 2 Personen
Zubereitung: 45 Minuten

300 g grüner Spargel
200 g Möhren
300 g Blumenkohl
1 junger Kohlrabi (ca. 250 g)
300 g Lachsfilet
1 EL Butter
1 EL Rapsöl
1 geh. EL Dinkel-Vollkornmehl
150 ml Gemüsebrühe
150 ml Milch (3,5 % Fett)
Salz, Pfeffer aus der Mühle
½ TL abgeriebene Bio-Zitronenschale
20 g Kerbel
1–2 TL Zitronensaft

Pro Portion: ca. 570 kcal,
41 g EW, 33 g F, 23 g KH, 10 g BST

QUINOA-BOWL MIT RÄUCHERMAKRELE

Für 2 Personen
Zubereitung: 45 Minuten

100 g bunte Quinoa-Mischung („Tricolore"), Salz
1 rote Zwiebel
4 EL Rotweinessig
2 EL Rapsöl
1 TL flüssiger Honig
Pfeffer aus der Mühle
1 kleiner säuerlicher Apfel
200 g Rote Bete (vorgegart und vakuumiert)
100 g Magerquark
2 TL geriebener Meerrettich (aus dem Glas)
200 g geräuchertes Makrelenfilet (mit Haut)
1 Beet Kresse

Pro Portion: ca. 680 kcal, 29 g EW, 36 g F, 55 g KH, 8 g BST

1. Quinoa in einem Sieb kalt abbrausen. In einem Topf mit 200 ml Wasser kurz aufkochen, leicht salzen und dann mit geschlossenem Deckel bei schwacher Hitze 20 bis 25 Minuten köcheln lassen. In ein Sieb abgießen, abtropfen und abkühlen lassen.

2. Währenddessen die Zwiebel schälen, fein würfeln und mit Essig, Öl und Honig in einer Salatschüssel verquirlen. Die Quinoa untermischen, alles mit Salz und Pfeffer abschmecken und etwa 10 Minuten ziehen lassen.

3. Inzwischen den Apfel waschen, vierteln und entkernen. Die Apfelviertel in dünne Spalten schneiden. Die Rote Bete in etwa 1 cm große Würfel schneiden (Achtung, sie färbt stark ab!).

4. Den Quark mit dem Meerrettich und 2 EL Wasser glatt verrühren, salzen und pfeffern. Das Makrelenfilet häuten und grob in Stücke schneiden. Die Kresse vom Beet abschneiden, waschen und trocken tupfen.

5. Zum Servieren den Quinoa-Mix auf Schalen (Bowls) verteilen und Apfelspalten, Rote Bete, Makrele und Meerrettichquark darauf verteilen, alles mit Kresse bestreuen.

KABELJAU MIT SPITZKOHL UND GREMOLATA

Für 2 Personen
Zubereitung: 30 Minuten

½ Bund Petersilie
1 EL Kapern (in Salzlake)
1 Knoblauchzehe
1 TL abgeriebene Bio-Zitronenschale
1 Zwiebel
350 g Spitzkohl
250 g Möhren
1 Bio-Orange
3 EL Olivenöl
Salz, Pfeffer aus der Mühle
Cayennepfeffer
400 g Kabeljaufilet
(aus dem Mittelstück)
2 TL Butter

Pro Portion: ca. 460 kcal,
41 g EW, 21 g F, 20 g KH, 8 g BST

1. Für die Gremolata die Petersilie waschen, trocken tupfen und die Blätter abzupfen. Die Kapern abtropfen lassen. Den Knoblauch schälen und grob zerkleinern. Petersilie, Kapern und Knoblauch fein hacken, dann mit der Zitronenschale mischen und abgedeckt beiseitestellen.

2. Die Zwiebel schälen, halbieren und in Streifen schneiden. Vom Spitzkohl äußere Blätter und harten Strunk entfernen, den Kohl in etwa 2 cm breite Streifen schneiden. Die Möhren putzen, schälen und schräg in Scheiben schneiden. Die Orange heiß waschen, abtrocknen und 1 TL Schale fein abreiben, dann die Orange halbieren und auspressen.

3. In einem Topf 2 EL Öl erhitzen und Zwiebel, Kohl und Möhren darin bei mittlerer Hitze 2 bis 3 Minuten andünsten. Orangensaft und -schale dazugeben und alles mit Salz, Pfeffer und Cayennepfeffer würzen. Mit geschlossenem Deckel bei mittlerer Hitze noch etwa 8 Minuten dünsten.

4. Inzwischen den Fisch waschen, trocken tupfen und halbieren, salzen und pfeffern. In einer beschichteten Pfanne das übrige Öl und die Butter erhitzen und den Fisch darin auf beiden Seiten 5 bis 7 Minuten goldbraun braten. Anschließend herausnehmen, mit dem Gemüse auf Tellern anrichten und mit der Gremolata bestreuen.

Die Ernährungs-Docs
Kabeljau versorgt uns mit dem Spurenelement Jod, aus dem die Schilddrüse die Hormone herstellt, die wichtige Stoffwechselvorgänge regeln – wie Wachstum, Leistungsfähigkeit und Körpertemperatur. Jod soll auch antioxidative Funktionen haben und als Radikalfänger Einfluss auf das Immunsystem und die Gefäßgesundheit nehmen.

GEMÜSEDORADEN AUS DEM OFEN

Für 2 Personen
Zubereitung: 40 Minuten
Garen: 35 Minuten

1 Fenchelknolle (mit Grün; ca. 300 g)
300 g kleine festkochende Kartoffeln (z. B. Drillinge)
4 EL Olivenöl
Salz, Pfeffer aus der Mühle
2 Doraden (à 300–350 g; küchenfertig)
4 Stiele Thymian
1 kleiner Zweig Rosmarin
2 Knoblauchzehen
2 Frühlingszwiebeln
200 g Cocktailtomaten (an der Rispe)
40 g schwarze Oliven (ohne Stein)
100 ml trockener Weißwein (ersatzweise Gemüsebrühe)

Pro Portion: ca. 630 kcal, 35 g EW, 32 g F, 34 g KH, 8 g BST

1. Den Backofen auf 200 °C vorheizen. Den Fenchel putzen und waschen, das Fenchelgrün beiseitelegen. Die Knolle halbieren, den harten Strunk keilförmig herausschneiden und die Fenchelhälften in etwa 1 cm dicke Spalten schneiden. Kartoffeln mit der Gemüsebürste gründlich waschen, abtrocknen und samt Schale in dünne Scheiben schneiden.

2. Die Fenchelspalten und Kartoffeln in einer Schüssel mit 2 EL Öl, Salz und Pfeffer mischen und auf einem tiefen Backblech verteilen. Im Ofen auf der mittleren Schiene etwa 35 Minuten garen.

3. Inzwischen die Doraden innen und außen waschen und trocken tupfen, die Haut auf jeder Seite mehrmals schräg einschneiden. Thymian und Rosmarin waschen, trocken tupfen und die Blätter bzw. Nadeln abzupfen. Den Knoblauch schälen und in feine Würfel schneiden. Die Kräuter und den Knoblauch mischen und die Fische innen und außen mit dem Mix bestreuen. Frühlingszwiebeln putzen, waschen und schräg in etwa 2 cm lange Stücke schneiden. Die Tomaten waschen.

4. Nach etwa 15 Minuten Garzeit erst Frühlingszwiebeln, Tomaten und Oliven zum Gemüse auf das Blech legen, dann die Fische daraufsetzen. Alles mit Wein und restlichem Öl beträufeln und im Ofen noch etwa 20 Minuten garen.

5. Zum Servieren Gemüse und Fische aus dem Ofen nehmen. Das Gemüse samt Sud auf Teller verteilen und je 1 Dorade daraufsetzen. Mit dem Fenchelgrün bestreuen und nach Belieben einige Bio-Zitronenscheiben dazu reichen.

ZITRONENHÄHNCHEN MIT ARTISCHOCKEN-KARTOFFEL-PFANNE

Für 2 Personen
Zubereitung: 45 Minuten

250 g grüne Bohnen
Salz
1 Glas Artischockenherzen (240 g Abtropfgewicht)
1 kleine rote Zwiebel
1 Knoblauchzehe
400 g gegarte kleine festkochende Pellkartoffeln (vom Vortag; z. B. Drillinge)
6 Stiele Thymian
4 EL Olivenöl
1 TL abgeriebene Bio-Zitronenschale
2 Hähnchenbrustfilets (à ca. 150 g)
Pfeffer aus der Mühle
1 EL Pinienkerne

Pro Portion: ca. 590 kcal, 45 g EW, 24 g F, 37 g KH, 16 g BST

1. Die Bohnen putzen, waschen, halbieren oder vierteln und in einem Topf in reichlich kochendem Salzwasser etwa 7 Minuten bissfest garen. Dann in ein Sieb abgießen, kalt abschrecken und abtropfen lassen.

2. Die Artischocken in ein Sieb abgießen, abtropfen lassen und längs vierteln. Die Zwiebel schälen, halbieren und in feine Streifen schneiden. Den Knoblauch schälen und fein würfeln. Die Kartoffeln pellen und längs vierteln.

3. Thymian waschen, trocken tupfen, die Blätter abzupfen und fein hacken. Die Hälfte des Thymians mit 2 EL Öl und der Zitronnenschale glatt verrühren. Die Hähnchenfilets waschen, trocken tupfen, rundum salzen und pfeffern und mit dem Würzöl bestreichen.

4. Eine beschichtete Pfanne ohne Fett erhitzen und die Filets darin erst bei starker Hitze auf jeder Seite etwa 2 Minuten anbraten. Anschließend bei mittlerer Hitze 8 bis 10 Minuten weiterbraten, dabei zwischendurch wenden.

5. Das übrige Öl in einer weiteren großen Pfanne erhitzen und die Kartoffeln darin bei mittlerer Hitze 4 bis 5 Minuten unter Wenden goldbraun braten. Bohnen, Artischocken, Zwiebel, Knoblauch und übrigen Thymian dazugeben und alles noch 4 bis 5 Minuten mitbraten, salzen und pfeffern.

6. Zum Servieren die Pinienkerne in einer Pfanne ohne Fett hell anrösten, herausnehmen und abkühlen lassen. Die Hähnchenfilets aus der Pfanne nehmen und kurz ruhen lassen, dann schräg in Scheiben schneiden. Mit der Artischocken-Bratkartoffel-Pfanne auf Tellern anrichten und mit den Pinienkernen bestreuen.

HÄHNCHEN-GEMÜSE-WOK MIT KURKUMA-HIRSE

Für 2 Personen
Zubereitung: 40 Minuten

125 g Hirse
1 kleine Zwiebel
1 Knoblauchzehe
3 EL Sesamöl (ersatzweise Rapsöl)
½ TL gemahlene Kurkuma
Salz, Pfeffer aus der Mühle
2 Möhren
1 Stange Staudensellerie
150 g Baby-Pak-Choi
150 g tiefgekühlte Erbsen
250 g Hähnchenbrustfilet
1–2 EL Sojasauce (z. B. Tamari)
1 EL Limettensaft
1–2 TL Sambal oelek
1 EL Erdnusskerne
3 Stiele Koriandergrün

Pro Portion: ca. 650 kcal,
46 g EW, 22 g F, 60 g KH, 10 g BST

1. Die Hirse in einem Sieb heiß abbrausen und abtropfen lassen. Die Zwiebel schälen, halbieren und in Streifen schneiden. Den Knoblauch schälen und fein würfeln. Beides in 1 EL Öl in einem Topf bei mittlerer Hitze etwa 3 Minuten andünsten. Dann Hirse und Kurkuma dazugeben und unter Rühren kurz mitdünsten. ¼ l Wasser dazugießen, die Hirse salzen und pfeffern und erst offen bei mittlerer Hitze etwa 5 Minuten garen. Anschließend mit geschlossenem Deckel bei schwacher Hitze noch 10 bis 12 Minuten nachquellen lassen. Warm halten.

2. Inzwischen die Möhren putzen und schälen, den Sellerie putzen und waschen, beides in dünne Scheiben schneiden. Den Pak Choi putzen und waschen, die Stiele in dünne, die Blätter in etwa 2 cm breite Streifen schneiden. Erbsen etwas antauen lassen. Das Fleisch waschen, trocken tupfen und in etwa ½ cm dünne Streifen schneiden.

3. Im Wok 1 EL Öl erhitzen und das Hähnchen darin bei mittlerer bis starker Hitze 2 bis 3 Minuten unter Wenden hell anbraten, herausnehmen und beiseitestellen.

4. Das übrige Öl im Wok erhitzen und Möhren, Sellerie und Pak-Choi-Stiele darin bei starker Hitze 1 bis 2 Minuten unter Rühren braten. Dann Hirse, Pak-Choi-Blätter und Erbsen untermischen. Alles noch etwa 2 Minuten unter Rühren braten. Das Hähnchen wieder untermischen, alles mit Sojasauce, Limettensaft und Sambal oelek würzen und etwa 2 Minuten unter Wenden erwärmen.

5. Zum Servieren die Erdnüsse grob hacken. Das Koriandergrün waschen, trocken tupfen und die Blätter abzupfen. Kurkuma-Hirse und Hähnchen-Gemüse-Wok auf Teller verteilen und mit Erdnüssen und Koriander bestreuen.

HÄHNCHENPFANNE MIT ROSENKOHL UND PILZEN

Für 2 Personen
Zubereitung: 30 Minuten

300 g Hähnchenbrustfilet
350 g Rosenkohl
1 Zwiebel
100 g Champignons
2 EL Rapsöl
Salz, Pfeffer aus der Mühle
1 TL ganzer Kümmel
150 ml Hühnerbrühe
2 EL Crème fraîche (30 % Fett)
½ TL Johannisbrotkernmehl
3 EL gehackte Petersilie

Pro Portion: ca. 460 kcal, 50 g EW, 23 g F, 10 g KH, 9 g BST

1. Hähnchenfleisch waschen, trocken tupfen und in etwa ½ cm dünne Scheiben schneiden. Rosenkohl putzen und die äußeren Blätter entfernen, den Rosenkohl waschen und je nach Größe halbieren oder vierteln. Die Zwiebel schälen und in feine Würfel schneiden. Die Pilze putzen, falls nötig, trocken abreiben, halbieren oder vierteln.

2. Das Öl in einer Pfanne erhitzen und das Fleisch darin bei mittlerer bis starker Hitze 3 bis 4 Minuten unter Wenden rundum anbraten. Herausnehmen und beiseitestellen.

3. Danach den Rosenkohl in der Pfanne im verbliebenen Öl bei mittlerer Hitze etwa 5 Minuten hell anbraten, mit Salz, Pfeffer und Kümmel würzen. Die Zwiebelwürfel und Pilze hinzufügen und etwa 2 Minuten mitbraten.

4. Die Brühe und die Crème fraîche dazugeben, alles unter Rühren erhitzen und mit Salz und Pfeffer würzen. Das Gemüse mit geschlossenem Deckel bei schwacher Hitze 8 bis 10 Minuten köcheln lassen. Das Johannisbrotkernmehl unterrühren und das Gemüse noch etwa 1 Minute köcheln lassen, bis die Sauce leicht gebunden ist.

5. Das beiseitegestellte Hähnchenfleisch wieder dazugeben und alles noch 1 bis 2 Minuten ziehen lassen. Zum Servieren die Hähnchenpfanne auf tiefen Tellern anrichten und mit der Petersilie bestreuen. Dazu passt pro Person als Beilage noch etwa 200 g Kartoffelstampf.

Die Ernährungs-Docs

Kümmel sorgt in diesem Pfannengericht geschmacklich für das gewisse Etwas. Aber nicht nur das! Er enthält reichlich ätherische Öle, die beruhigend auf Magen und Darm wirken. In neueren Studien konnte auch eine appetithemmende Wirkung von Kümmel nachgewiesen werden. Gut für alle, die Heißhungerattacken vermeiden möchten.

SALBEISCHNITZELCHEN MIT KRAUT UND KÜRBISPÜREE

1. Das Sauerkraut in einem Sieb abtropfen lassen, ausdrücken und mit einer Gabel zerpflücken. Die Zwiebel schälen, fein würfeln und in einem Topf in 1 EL Öl bei mittlerer Hitze andünsten. Das Sauerkraut dazugeben und 2 bis 3 Minuten unter Rühren mitdünsten. Lorbeer, Pfeffer und Brühe hinzufügen, salzen und pfeffern. Mit geschlossenem Deckel bei schwacher Hitze 15 bis 20 Minuten garen.

2. Inzwischen den Kürbis schälen, die Kerne entfernen und das Kürbisfleisch etwa 2 cm groß würfeln. Die Pastinaken putzen, schälen und würfeln. Beides in einem Topf in der Butter bei mittlerer Hitze etwa 5 Minuten andünsten. Salzen, knapp mit Wasser bedecken und mit geschlossenem Deckel 15 bis 20 Minuten garen.

3. Danach das Gemüse abgießen, den Joghurt dazugeben und alles im Topf mit dem Stabmixer fein pürieren. Das Kürbispüree mit Salz und Pfeffer abschmecken und warm halten.

4. Schnitzel waschen, trocken tupfen, quer halbieren, salzen und pfeffern. Mit je 1 Salbeiblatt belegen, zusammenklappen und mit einem Holzspieß fixieren. Das übrige Öl in einer beschichteten Pfanne erhitzen, die Schnitzel darin bei mittlerer Hitze auf jeder Seite 2 bis 3 Minuten braten.

5. Zum Servieren die Schnitzel mit dem Püree und dem Kraut auf Tellern anrichten und mit der Petersilie garnieren.

Für 2 Personen
Zubereitung: 45 Minuten

400 g frisches Sauerkraut (nicht erhitzt)
1 Zwiebel
2 EL Olivenöl
1 Lorbeerblatt
5 schwarze Pfefferkörner
200 ml Gemüsebrühe
Salz, Pfeffer aus der Mühle
500 g Butternusskürbis
150 g Pastinaken
1 EL Butter
2 EL griech. Joghurt (10 % Fett)
2 dünne Putenschnitzel (à ca. 125 g)
4 große Blätter Salbei
4 kleine Holzspieße
2 EL gehackte Petersilie

Pro Portion: ca. 390 kcal, 14 g EW, 24 g F, 21 g KH, 11 g BST

Die Ernährungs-Docs
Sauerkraut ist eine hervorragende Vitamin-C-Quelle – schon 250 Gramm reichen aus, um die Hälfte des empfohlenen Tagesbedarfs zu decken. Was den milchsauer vergorenen Weißkohl noch auszeichnet, ist sein hoher Gehalt an Ballaststoffen und Milchsäurebakterien, die unser Mikrobiom stärken und damit das Immunsystem anregen. Allerdings: Je länger man Sauerkraut gart, desto mehr Vitamin C und Milchsäurebakterien gehen verloren. Deshalb sollte man es am besten roh verzehren oder nur kurz erhitzen.

HÄHNCHEN-WOK MIT GEMÜSE UND SPROSSEN

Für 2 Personen
Zubereitung: 40 Minuten

3–4 EL Sojasauce (z. B. Tamari)
1 TL geröstetes Sesamöl
½–1 TL Chiliflocken
300 g Hähnchenbrustfilet
250 g Mangold
1 rote Paprikaschote
3 Frühlingszwiebeln
1 Knoblauchzehe
20 g Ingwer
125 g tiefgekühlte Edamamekerne (junge, grüne Sojabohnen)
3 EL helles Sesamöl (ersatzweise Rapsöl)
150 ml Hühnerbrühe
½ TL Johannisbrotkernmehl
50 g gemischte Sprossen (z. B. Alfalfa, Linsen, Rettich)

Pro Portion: ca. 560 kcal, 54 g EW, 28 g F, 17 g KH, 11 g BST

1. In einer Schüssel 2 EL Sojasauce mit geröstetem Sesamöl und ½ TL Chiliflocken verrühren. Das Fleisch waschen, trocken tupfen, in etwa ½ cm dünne Scheiben schneiden und in der Sauce etwa 10 Minuten marinieren.

2. Inzwischen den Mangold putzen und waschen, die Blätter in etwa 1 cm breite Streifen, die Stiele in etwa ½ cm breite Streifen schneiden. Paprika vierteln, entkernen, waschen und in dünne Streifen schneiden. Frühlingszwiebeln putzen, waschen und schräg in dünne Ringe schneiden. Knoblauch und Ingwer schälen und fein würfeln. Die Edamame in kochendem Wasser 2 bis 3 Minuten blanchieren, in ein Sieb abgießen, kalt abschrecken und abtropfen lassen.

3. Das marinierte Hähnchen in einem Sieb abtropfen lassen, dabei die Marinade auffangen. 2 EL helles Sesamöl im Wok erhitzen und das Fleisch darin bei starker Hitze 3 bis 4 Minuten unter Rühren anbraten, herausnehmen und beiseitestellen.

4. Danach Mangoldstiele, Paprika, Frühlingszwiebeln, Knoblauch und Ingwer im Wok im übrigen hellen Sesamöl etwa 3 Minuten rührbraten. Anschließend Mangoldblätter und Edamame dazugeben und etwa 1 Minute mitbraten.

5. Brühe mit der aufgefangenen Marinade und dem Johannisbrotkernmehl verrühren und mit dem beiseitegestellten Fleisch zum Gemüse geben. Kurz aufkochen und mit der übrigen Sojasauce und den restlichen Chiliflocken würzen.

6. Zum Servieren die Sprossen in einem Sieb abbrausen und abtropfen lassen. Den Hähnchen-Gemüse-Wok auf Tellern anrichten und mit den Sprossen bestreuen. Dazu passt pro Person noch etwa 50 g Naturreis (roh gewogen).

RINDFLEISCH-TAJINE MIT AUBERGINE UND BLUMENKOHL-„REIS“

1. Das Fleisch in etwa 3 cm große Stücke schneiden. Koriander, ausgelöste Kardamomsamen, Kreuzkümmel und Paprikapulver im Mörser fein zerstoßen und mit Fleisch und Zimtstange mischen. Zwiebeln und Knoblauch schälen und in Spalten bzw. Scheiben schneiden.

2. In einer Tajine oder einem großen Topf 2 EL Öl erhitzen und das Fleisch darin bei mittlerer bis starker Hitze etwa 5 Minuten unter Wenden anbraten. Zwiebeln und Knoblauch 2 bis 3 Minuten mitbraten, alles mit Salz und Pfeffer würzen. Die Brühe dazugießen, alles einmal offen aufkochen, dann mit geschlossenem Deckel bei schwacher Hitze etwa 1 Stunde schmoren.

3. Inzwischen die Aubergine putzen, waschen, längs vierteln und in etwa 2 cm große Stücke schneiden. Die Möhren putzen, schälen, längs vierteln und in etwa 3 cm breite Stücke schneiden. Die Kichererbsen in einem Sieb abbrausen und abtropfen lassen. Datteln längs halbieren, entsteinen und in Streifen schneiden. Die Mandeln grob hacken.

4. Alle vorbereiteten Zutaten in einer Schüssel mit dem restlichen Öl, Salz und Pfeffer mischen. Nach etwa 1 Stunde Garzeit den Gemüse-Mix auf dem Fleisch verteilen. Alles mit geschlossenem Deckel etwa 20 Minuten schmoren.

5. Währenddessen den Blumenkohl putzen, waschen, in Röschen teilen und im Blitzhacker portionsweise auf Reiskorngröße zerkleinern. Dann in einem Topf in 50 ml Salzwasser mit geschlossenem Deckel bei mittlerer Hitze etwa 15 Minuten dünsten.

6. Zum Servieren Petersilie und Minze waschen, trocken tupfen, die Blätter abzupfen und grob hacken. Die Tajine öffnen, den Zitronensaft und die Kräuter darüber verteilen, mit dem Blumenkohl-„Reis“ auf Tellern anrichten.

Für 2 Personen
Zubereitung: 45 Minuten
Garen: 1 Stunde 20 Minuten

400 g Rinderschulter
½ TL Korianderkörner
2 Kardamomkapseln
½ TL ganzer Kreuzkümmel
½ TL edelsüßes Paprikapulver
½ Zimtstange
2 kleine rote Zwiebeln
2 Knoblauchzehen
3 EL Olivenöl
Salz, Pfeffer aus der Mühle
200 ml Gemüsebrühe
1 kleine Aubergine (ca. 250 g)
2 Möhren
1 Glas Kichererbsen
(125 g Abtropfgewicht)
2 Datteln (z. B. Medjoul)
30 g Mandeln
350 g Blumenkohl (ohne Grün)
4 Stiele Petersilie
2 Stiele Minze
1 EL Zitronensaft

Pro Portion: ca. 740 kcal,
55 g EW, 38 g F, 38 g KH, 14 g BST

GEFÜLLTE SPITZPAPRIKA MIT TOMATEN-PILZ-SAUCE

Für 2 Personen
Zubereitung: 30 Minuten
Garen: 30 Minuten

je 2 rote und gelbe Spitzpaprikaschoten (ca. 400 g)
3 Frühlingszwiebeln
1 Knoblauchzehe
3 getr. Tomaten (in Öl)
½ Bund Petersilie
3 Stiele Majoran
300 g Rindertatar (ersatzweise mageres Rinderhackfleisch)
1 Ei (Größe M)
2 EL Vollkornsemmelbrösel
Salz, Pfeffer aus der Mühle
½ TL abgeriebene Bio-Zitronenschale
100 g kleine Champignons
1 EL Olivenöl
150 ml Gemüsebrühe
200 ml passierte Tomaten (aus dem Glas)

Pro Portion: ca. 390 kcal, 43 g EW, 15 g F, 17 g KH, 8 g BST

1. Spitzpaprikaschoten der Länge nach halbieren, putzen und waschen. Frühlingszwiebeln putzen, waschen und in dünne Scheiben schneiden. Knoblauch schälen und fein würfeln. Tomaten abtropfen lassen und klein schneiden. Petersilie und Majoran waschen, trocken tupfen, die Blätter abzupfen und fein hacken, 2 EL zum Garnieren beiseitelegen.

2. Den Backofen auf 180 °C vorheizen. Rindertatar in einer Schüssel jeweils mit der Hälfte der Kräuter und Frühlingszwiebeln, mit Knoblauch, getrockneten Tomaten, Ei und Semmelbröseln mischen und verkneten. Die Hackmasse mit Salz, Pfeffer und Zitronenschale würzen und in die halbierten Paprikaschoten füllen.

3. Pilze putzen, falls nötig, trocken abreiben und in dünne Scheiben schneiden. Das Öl in einer Pfanne erhitzen und die Pilze mit den restlichen Frühlingszwiebeln darin 3 bis 4 Minuten anbraten. Dann mit der Brühe und den passierten Tomaten ablöschen, die übrigen Kräuter unterrühren.

4. Tomatensauce in einer großen Auflaufform (ca. 20 x 35 cm) oder in zwei kleinen Formen verteilen und die gefüllten Paprikaschoten nebeneinander hineinsetzen. Im Ofen auf der mittleren Schiene etwa 30 Minuten garen.

5. Anschließend die Paprikaschoten aus dem Ofen nehmen und mit der Sauce auf Tellern anrichten, mit den beiseitegelegten Kräutern garnieren. Dazu passt pro Person etwa 50 g Naturreis (roh gewogen).

★ Sind gerade keine Spitzpaprika im Angebot? Dann nehmen Sie alternativ jeweils 1 große gelbe und rote Paprikaschote. Die Schoten längs halbieren, wie beschrieben füllen und im Ofen bei 200° C garen. Sie vertragen mehr Hitze, weil ihre Haut und ihr Fruchtfleisch dicker und robuster sind.

KLEINE GERICHTE

Wer nur etwas für den kleinen Hunger sucht oder bewusst Kalorien sparen möchte, wird bei diesen Rezepten fündig: Leichte Suppen, schnelle Salate und vitaminreiche Gemüsegerichte dämpfen den Heißhunger, belasten aber kaum das Kalorienkonto.

TOMATENSUPPE MIT AMARANTBÄLLCHEN

Für 2 Personen
Zubereitung: 50 Minuten

50 g Amarant
Salz
70 g tiefgekühlte Erbsen
30 g Parmesan (am Stück)
½ Bund Petersilie
30 g Kichererbsenmehl (ersatzweise Hafermehl)
1 EL Dinkel-Vollkornmehl
Pfeffer aus der Mühle
abgeriebene Schale von ½ Bio-Zitrone
1 Zwiebel
1 Knoblauchzehe
1 EL Olivenöl
1 EL Tomatenmark
500 g passierte Tomaten (aus dem Glas)
400 ml Gemüsebrühe
1 TL getr. Oregano
2 EL griech. Joghurt (10 % Fett)

Pro Portion: ca. 430 kcal, 19 g EW, 17 g F, 43 g KH, 10 g BST

1. Den Amarant in einem Sieb kalt abbrausen und in einem Topf in 150 ml leicht gesalzenem Wasser einmal aufkochen. Dann mit geschlossenem Deckel bei schwacher Hitze noch 15 bis 20 Minuten köcheln lassen. Anschließend in ein Sieb abgießen, kalt abschrecken und gut abtropfen lassen.

2. Währenddessen die Erbsen etwas antauen lassen. Den Parmesan fein reiben. Die Petersilie waschen, trocken tupfen, die Blätter abzupfen und fein hacken. Die Hälfte der Petersilie mit Amarant, Erbsen, Parmesan, Kichererbsen- und Dinkelmehl im Blitzhacker fein zerkleinern. Salz, Pfeffer und Zitronenschale kurz untermixen. Aus der Masse mit angefeuchteten Händen etwa 12 Bällchen formen und diese etwa 10 Minuten ruhen lassen.

3. Inzwischen Zwiebel und Knoblauch schälen, fein würfeln und in einem Topf im Öl etwa 2 Minuten andünsten. Das Tomatenmark hinzufügen und kurz mitrösten. Passierte Tomaten und Brühe dazugießen, alles mit Salz, Pfeffer und Oregano würzen und aufkochen. Die Suppe mit geschlossenem Deckel bei schwacher bis mittlerer Hitze noch etwa 10 Minuten garen, dabei ab und zu umrühren.

4. Währenddessen in einem Topf reichlich Salzwasser aufkochen und die Amarantbällchen darin bei schwacher Hitze 5 bis 7 Minuten gar ziehen lassen. Mit einem Schaumlöffel herausheben und abtropfen lassen.

5. Zum Servieren die Suppe im Topf mit dem Stabmixer fein pürieren und mit Salz und Pfeffer abschmecken. Mit jeweils 1 EL Joghurt und den Amarantbällchen in tiefen Tellern anrichten und mit der beiseitegelegten Petersilie bestreuen.

ZUCCHINI-MANDEL-SUPPE

Für 2 Personen
Zubereitung: 20 Minuten

1 Zwiebel
1 Knoblauchzehe
300 g Zucchini
1 dünne Stange Lauch (ca. 200 g)
2 EL Olivenöl
1 TL gemahlene Kurkuma
½ TL gemahlener Koriander
Salz, Pfeffer aus der Mühle
½ l vegane Gemüsebrühe
30 g junger Spinat
½ Bio-Limette
30 g dunkles Mandelmus
2 TL gehackte Mandeln

Pro Portion: ca. 345 kcal,
9 g EW, 27 g F, 13 g KH, 5 g BST

1. Zwiebel und Knoblauch schälen und separat fein würfeln. Zucchini und Lauch putzen und waschen, die Zucchini grob würfeln, den Lauch in Ringe schneiden.

2. Das Öl in einem Topf erhitzen und die Zwiebel darin bei mittlerer Hitze etwa 3 Minuten andünsten. Knoblauch, Zucchini und Lauch dazugeben und etwa 5 Minuten mitdünsten. Alles mit Kurkuma, Koriander, Salz und Pfeffer würzen und noch kurz weiterdünsten. Dann mit der Brühe aufgießen, die Suppe einmal aufkochen und mit geschlossenem Deckel bei schwacher Hitze 10 bis 15 Minuten köcheln lassen.

3. Währenddessen den Spinat verlesen, waschen und trocken schleudern, dabei grobe Stiele entfernen und einige Blätter zum Garnieren beiseitelegen. Die Limette heiß waschen, abtrocknen und die Schale fein abreiben, dann 1 EL Saft auspressen. Die Suppe vom Herd nehmen, das Mandelmus und den restlichen Spinat dazugeben und alles im Topf mit dem Stabmixer feincremig pürieren.

4. Zum Servieren die Suppe mit Salz, Pfeffer, Limettenschale und -saft abschmecken und auf Schalen oder tiefe Teller verteilen. Mit den beiseitegelegten Spinatblättern und den gehackten Mandeln bestreuen.

ROTE LINSENSUPPE MIT KIMCHI

1. Die Zwiebel und den Knoblauch schälen und fein würfeln. Die Möhren putzen, schälen und in etwa 1 cm große Würfel schneiden.

2. Das Öl in einem Topf erhitzen und Zwiebel und Knoblauch darin bei mittlerer Hitze andünsten. Mit Paprikapulver, Kreuzkümmel, Salz und Pfeffer würzen und kurz anrösten. Dann Möhren und Linsen dazugeben und etwa 3 Minuten unter Rühren mitdünsten. Die Kokosmilch und die Brühe dazugießen, die Suppe einmal aufkochen und mit geschlossenem Deckel bei schwacher bis mittlerer Hitze noch etwa 20 Minuten köcheln lassen.

3. Inzwischen den Sesam in einer Pfanne ohne Fett hell anrösten. Vom Herd nehmen und abkühlen lassen. Den Koriander waschen, trocken tupfen und die Blätter abzupfen. Das Kimchi kurz abtropfen lassen, in die Suppe geben und alles im Topf mit dem Stabmixer fein pürieren.

4. Zum Servieren die Suppe nochmals mit Salz und Pfeffer abschmecken und auf Schalen oder tiefe Teller verteilen. Mit Sesam und Koriandergrün bestreuen.

Für 2 Personen
Zubereitung: 30 Minuten

1 kleine rote Zwiebel
1 Knoblauchzehe
200 g Möhren
1 EL Sesamöl (ersatzweise Rapsöl)
½ TL edelsüßes Paprikapulver
½ TL gemahlener Kreuzkümmel
Salz, Pfeffer aus der Mühle
75 g rote Linsen
200 ml fettreduzierte Kokosmilch (12 % Fett)
½ l vegane Gemüsebrühe
2 TL ungeschälte Sesamsamen
4 Stiele Koriandergrün
75 g Kimchi (korean. fermentierter Chinakohl; aus dem Kühlregal)

Pro Portion: ca. 370 kcal, 14 g EW, 18 g F, 35 g KH, 7 g BST

CURRYGEMÜSESUPPE MIT LACHS UND SPROSSEN

1. Schalotten und Ingwer schälen und in feine Würfel schneiden. Den Brokkoli putzen, waschen und in Röschen teilen, den Strunk schälen und klein würfeln. Die Möhren putzen und schälen, erst längs halbieren, dann in dünne Scheiben schneiden. Die Paprika vierteln, putzen, waschen und in etwa 1 ½ cm große Stücke schneiden.

2. Das Öl in einem Topf erhitzen und Schalotten, Ingwer und Currypaste darin bei mittlerer Hitze etwa 2 Minuten andünsten. Brokkoli, Möhren und Paprika hinzufügen und 2 bis 3 Minuten mitdünsten. Alles mit Kokosmilch und Brühe ablöschen und einmal aufkochen. Mit geschlossenem Deckel bei schwacher Hitze etwa 10 Minuten garen.

3. Währenddessen den Lachs waschen, trocken tupfen und in mundgerechte Stücke schneiden. Mit Salz, Pfeffer und Limettensaft würzen. Die Sprossen in einem Sieb abbrausen und abtropfen lassen. Nach etwa 10 Minuten Garzeit den Lachs und die Sprossen zur Suppe dazugeben und alles mit geschlossenem Deckel bei schwacher Hitze etwa 5 Minuten ziehen lassen.

4. Zum Servieren den Schnittlauch waschen, trocken tupfen und in feine Röllchen schneiden. Die Gemüsesuppe in tiefen Tellern anrichten und mit dem Schnittlauch bestreuen.

Für 2 Personen
Zubereitung: 30 Minuten

2 Schalotten
10 g Ingwer
200 g Brokkoli
150 g Möhren
1 rote Paprikaschote
2 EL Sesamöl (ersatzweise Rapsöl)
1 EL gelbe Thai-Currypaste
200 ml fettreduzierte Kokosmilch (12 % Fett)
½ l Gemüsebrühe
200 g Lachsfilet
Salz, Pfeffer aus der Mühle
1 EL Limettensaft
60 g Mungobohnensprossen
½ Bund Schnittlauch

Pro Portion: ca. 490 kcal, 27 g EW, 33 g F, 17 g KH, 9 g BST

Die Ernährungs-Docs

Weil fetthaltige Meeresfische wie Lachs, Hering und Co. eine hervorragende Quelle für Omega-3-Fettsäuren sind, dürfen sie ruhig regelmäßig in kleinen Mengen auf dem Speiseplan stehen. Omega-3-Fettsäuren benötigt unser Körper für eine Reihe von Stoffwechselvorgängen – vor allem zur Beruhigung von Entzündungsprozessen. Generell empfiehlt es sich allerdings, die Fettmengen aus tierischen Produkten in der täglichen Ernährung gering zu halten, um entzündungsfördernde Stoffe im Körper zu minimieren.

GRÜNER GAZPACHO MIT FETA

1. Die Gurke schälen. Spitzpaprika und die Peperoni längs halbieren, putzen und waschen. Alles in Stücke schneiden. Avocado halbieren und den Kern entfernen, das Fruchtfleisch aus den Schalen lösen und in grobe Würfel schneiden. Die Frühlingszwiebeln putzen, waschen und in dünne Ringe schneiden. Spinat verlesen, waschen und trocken schleudern, dabei die groben Stiele entfernen. Knoblauch schälen und fein würfeln.

2. Gurke, Paprika, Peperoni, Avocado, Frühlingszwiebeln, und Spinat mit dem Knoblauch in den Standmixer oder einen hohen Rührbecher geben. Öl, Essig und 150 ml kaltes Wasser hinzufügen und alles erst auf niedriger, dann auf höchster Stufe feincremig pürieren. Den Gazpacho mit Salz und Pfeffer abschmecken.

3. Den Feta in kleine Würfel schneiden. Die Mandeln hacken. Die Petersilie waschen, trocken tupfen, die Blätter abzupfen und fein hacken. Feta, Mandeln und Petersilie mischen.

4. Zum Servieren den Gazpacho in Gläsern oder Schalen anrichten und mit dem Feta-Topping bestreuen.

Für 2 Personen
Zubereitung: 25 Minuten

200 g Salatgurke
1 grüne Spitzpaprikaschote (ca. 125 g)
1 grüne Peperoni (Pfefferschote)
1 kleine reife Avocado
2 Frühlingszwiebeln
50 g junger Spinat
1 kleine Knoblauchzehe
3 EL Olivenöl
1 EL Aceto balsamico bianco
Salz, Pfeffer aus der Mühle
50 g Feta (Schafskäse)
1 EL Mandeln
3 Stiele Petersilie

Pro Portion: ca. 390 kcal,
8 g EW, 33 g F, 11 g KH, 7 g BST

PAPAYA-GURKEN-KALTSCHALE

1. Die Papaya schälen und entkernen. Aus dem Fruchtfleisch mit dem Melonenausstecher 10 kleine Kugeln ausstechen und zum Garnieren beiseitestellen. Die übrige Papaya grob in Stücke schneiden.

2. Die Gurke putzen, schälen, längs halbieren, entkernen und grob zerkleinern. Das Basilikum waschen, trocken tupfen und die Blätter abzupfen. Einige Blätter zum Garnieren beiseitelegen, die übrigen grob hacken.

3. Papaya, Gurke und gehacktes Basilikum in einen hohen Rührbecher geben und mit Salz und Pfeffer würzen. Den Kefir dazugießen und alles mit dem Stabmixer fein pürieren. Sollte die Kaltschale zu dickflüssig sein, noch bis zu 50 ml kaltes Wasser untermixen.

4. Die Peperoni längs halbieren, putzen, waschen und fein würfeln. Mit der Limettenschale und dem -saft unter die Kaltschale rühren.

5. Zum Servieren die Kaltschale nochmals mit Salz und Pfeffer abschmecken und mit den beiseitegelegten Papayakugeln in Schalen oder tiefen Tellern anrichten. Mit dem beiseitegelegten Basilikum garnieren.

Für 2 Personen
Zubereitung: 25 Minuten

400 g Papaya
200 g Salatgurke
4 Stiele Basilikum
Salz, Pfeffer aus der Mühle
300 ml Kefir (1,5 % Fett)
1 rote Peperoni (Pfefferschote)
Saft und abgeriebene Schale von ½ Bio-Limette

Pro Portion: ca. 170 kcal,
6 g EW, 6 g F, 19 g KH, 4 g BST

MANGOLD-BOHNEN-SALAT MIT GEBRATENEM HALLOUMI

Für 2 Personen
Zubereitung: 35 Minuten

2 EL Zitronensaft
2 TL flüssiger Honig
Salz, Pfeffer aus der Mühle
½ TL Chiliflocken
4 EL Olivenöl
125 g Kidneybohnen (aus dem Glas)
250 g Mangold (am besten gelb- und rotstielig)
1 Knoblauchzehe
150 g Cocktailtomaten
2 Frühlingszwiebeln
80 g Halloumi (Grillkäse)

Pro Portion: ca. 490 kcal, 20 g EW, 33 g F, 21 g KH, 10 g BST

1. Für das Dressing in einer Salatschüssel Zitronensaft, Honig, Salz, Pfeffer und Chiliflocken mit 2 EL Öl gründlich verrühren. Die Bohnen in einem Sieb abbrausen, abtropfen lassen und untermischen.

2. Den Mangold putzen, waschen und die Blätter von den Stielen schneiden. Die Stiele in etwa 1 cm breite Streifen schneiden, die Blätter je nach Größe längs halbieren und in dünne Streifen schneiden. Den Knoblauch schälen und fein würfeln.

3. Die Mangoldstiele und den Knoblauch in einer Pfanne in 1 EL Öl bei mittlerer Hitze 4 bis 5 Minuten andünsten. Vom Herd nehmen, die Mangoldblätter dazugeben und vorsichtig untermischen, mit Salz und Pfeffer würzen.

4. Tomaten waschen und halbieren. Frühlingszwiebeln putzen, waschen und in dünne Ringe schneiden. Beides mit dem Mangold-Mix unter die Bohnen mischen, den Salat nochmals mit Salz und Pfeffer abschmecken.

5. Den Halloumi trocken tupfen, etwa 1 cm groß würfeln und in einer Pfanne im übrigen Öl bei mittlerer bis starker Hitze 4 bis 5 Minuten goldbraun braten. Zum Servieren den Salat auf Teller verteilen und den Käse daraufsetzen.

Die Ernährungs-Docs

Ebenso wie anderes dunkelgrünes Blattgemüse (zum Beispiel Spinat oder Grünkohl), ist auch Mangold ein echter Fitmacher: Mit Magnesium, Kalzium und Natrium stärkt er Gedächtnis, Nerven und Muskeln. Als gute Eisenquelle unterstützt er außerdem den Sauerstofftransport im Blut. Bemerkenswert ist sein hoher Gehalt an antioxidativ wirksamen sekundären Pflanzenstoffen (wie Flavonoiden und Betalainen), die helfen, chronischen Entzündungen vorzubeugen.

LÄNGERE ESSPAUSEN: GÖNNEN SIE IHREM KÖRPER RUHE

Nahrungsverzicht auf Zeit fördert die Selbstreinigung der Zellen, sodass weniger Entzündungsbotenstoffe produziert werden. Nutzen Sie die heilsame Wirkung längerer Pausen zwischen den Mahlzeiten für Ihre Gesundheit und Ihr Gewichtsmanagement. Ob Verzicht auf Snacks, Intervallfasten oder die 5:2-Diät: Es gibt verschiedene Modelle, die wir Ihnen hier vorstellen.

LANGSAMER EINSTIEG: WEG MIT DEM SNACK

Ist Ihnen die Vorstellung, mehrere Stunden bewusst auf Nahrung zu verzichten, noch unheimlich? Dann ist es ratsam, langsam ins Intervallfasten einzusteigen. Es gibt eine sinnvolle Vorstufe: Sie streichen zuerst einmal jede Form von Snacks zwischendurch. Das heißt, dass Sie außerhalb Ihrer festen vollwertigen Mahlzeiten nichts essen – auch keine Kleinigkeiten, keine kalorienhaltigen Getränke, nicht einmal einen gezuckerten Kaffee. Damit Sie vier- bis sechsstündige Esspausen gut durchhalten, sollten Sie sich zu den Mahlzeiten satt essen und insbesondere auf eine ausreichende Proteinzufuhr achten.

INTERVALLFASTEN MIT DER 16:8-METHODE

Für die meisten Menschen lässt sich diese Methode am besten im Alltag umsetzen. Die Zahlen 16 und 8 stehen für die Stunden, in denen Sie essen und in denen Sie fasten. Das Prinzip dabei: Sie schieben Ihre Mahlzeiten so weit in die Mitte des Tages, dass Sie nur innerhalb von acht Stunden drei- oder idealerweise zweimal essen. Wenn Sie zum Beispiel morgens um 10 Uhr ausführlich frühstücken und abends ab 18 Uhr nichts mehr zu sich nehmen, kann der Stoffwechsel über Nacht 16 Stunden Pause machen. Meist dauert es eine Weile, bis man sich an diesen Rhythmus gewöhnt. Danach funktioniert es dann sehr gut; viele nutzen diese Form von Intervallfasten auch zum Abnehmen und profitieren von weiteren Vorteilen. Manche schlafen dadurch besser, weil der Körper sich nachts weniger mit der Verdauung beschäftigen muss. Oft gelingt es damit, gefährliches Bauchfett abzubauen und Diabetes Typ 2 und seine Vorstufen zu verhindern.

ZEITWEISE FASTEN MIT DER 5:2-DIÄT

Sie möchten nicht zu abrupt Abschied von Ihren alten Gewohnheiten nehmen? Dann ist das 5:2-Fasten vielleicht Ihr Modell der Wahl. Diese ebenfalls sehr beliebte Diät bedeutet: An fünf Tagen in der Woche ausgewogen und gesund essen und an den beiden restlichen Tagen in Sachen Kalorien halblang machen, also die Menge kräftig herunterfahren – und zwar auf 500 bis 800 Kalorien für Frauen und 600 bis 850 Kalorien für Männer. Das erinnert an FdH („friss die Hälfte"), ist aber leichter durchzuhalten, weil es eben nur für zwei Tage pro Woche gilt. An diesen beiden Fastentagen kommen viel Gemüse, Eiweiß und gesundes Fett auf den Teller, um Heißhungerattacken zu vermeiden. Dazu gibt es Wasser, Gemüsebrühe und ungesüßte Tees. Wichtig zu wissen: Die kalorienreduzierten Tage sollten nicht direkt aufeinander folgen.

WICHTIGE FRAGEN ZUM INTERVALLFASTEN

✱ Was ist der Unterschied zu langem Fasten?
Beim Intervallfasten fährt der Körper den Stoffwechsel nicht auf Sparflamme herunter. Die Muskeln bleiben erhalten und es kommt nicht zum gefürchteten Jo-Jo-Effekt.

✱ Ich schaffe es einfach nicht, auf Süßes zu verzichten. Was kann ich tun?
Das muss beim Intervallfasten auch gar nicht sein. Erlauben Sie sich die Dinge, auf die Sie Lust haben, aber als Dessert nach der Hauptmahlzeit und nicht als Snack zwischendurch.

✱ Was darf ich trinken?
Alles, was keine Kalorien hat, also Wasser sowie ungesüßten Tee oder Kaffee in Maßen. Kalorienfreie Getränke helfen auch dabei, die Zeit bis zum nächsten Essen zu überbrücken, wenn sich Hunger meldet.

✱ Soll ich bei den Mahlzeiten mehr essen?
Besser nicht. Viele machen den Fehler, zu den erlaubten Essenszeiten regelrecht zu schlemmen, um so die Fastenphase auszugleichen oder drohendem Hunger vorzubeugen. Das ist aber kontraproduktiv. Auch wenn Sie nicht fasten, sollten Sie gesunde normale Portionen essen.

✱ Darf ich Sport treiben?
Nichts spricht gegen ein bisschen Sport, am Anfang sollten Sie es jedoch nicht übertreiben. Größere sportliche Belastungen muten Sie Ihrem Körper am besten erst zu, wenn er sich an den neuen Rhythmus gewöhnt hat.

✱ Ich habe eine Vorerkrankung. Kann ich damit intervallfasten?
Vor allem bei niedrigem Blutdruck, Krebs oder Stoffwechselerkrankungen sollten Sie vorher mit Ihrer Ärztin oder Ihrem Arzt sprechen. Bei Migräne, Essstörungen, Untergewicht, in der Schwangerschaft und während der Stillzeit eignet sich Intervallfasten nicht.

ZOODLES-SALAT MIT HIMBEEREN UND MOZZARELLA

Für 2 Personen
Zubereitung: 25 Minuten

65 g Kichererbsen (aus dem Glas)
2 TL ungeschälte Sesamsamen
½ TL Currypulver, Salz
½ TL abgeriebene Bio-Zitronenschale
100 g Himbeeren
4 Zweige Thymian
2 kleine Zucchini (à ca. 150 g; am besten 1 gelbe und 1 grüne)
150 g gemischte junge Salatblätter (z. B. Frisée, Rucola, Spinat)
2 EL Weißweinessig
Pfeffer aus der Mühle
5 EL Olivenöl
100 g Mini-Mozzarellakugeln (Halbfettstufe)

Pro Portion: ca. 400 kcal,
13 g EW, 30 g F, 14 g KH, 7 g BST

1. Die Kichererbsen in einem Sieb abbrausen, dann abtropfen lassen und trocken tupfen. Mit Sesam, Curry, ½ TL Salz und der Zitronenschale in den Blitzhacker geben und bröselig zerkleinern (die Brösel sollen nicht zu fein werden). Die Mischung abgedeckt beiseitestellen.

2. Himbeeren verlesen, waschen und trocken tupfen. Den Thymian waschen, trocken tupfen, die Blätter abzupfen und fein hacken. Zucchini putzen, waschen und mit dem Spiralschneider in lange spaghettifeine Streifen schneiden. Salatblätter verlesen, waschen und trocken schleudern. Falls nötig, die Blätter in mundgerechte Stücke zupfen.

3. Für die Vinaigrette 40 g Himbeeren mit Essig, Thymian, Salz, Pfeffer und Öl in einem hohen Rührbecher mit dem Stabmixer fein pürieren. Die Himbeer-Vinaigrette in einer Salatschüssel mit den Zucchininudeln, den Salatblättern und den restlichen Beeren vorsichtig mischen.

4. Zum Servieren den Zoodles-Salat auf Teller verteilen, die Mozzarellakugeln abtropfen lassen und daraufsetzen. Den Salat zuletzt mit den beiseitegestellten Kichererbsen-Würz-Bröseln bestreuen.

Die Ernährungs-Docs

Statt „echter“ Pasta aus Getreide kommen hier „Zoodles“ in den Salat, also aus Zucchini mit dem Spiralschneider gedrehte Nudeln. Weil sie viel Wasser, aber wenig Kalorien oder schnell verdauliche Kohlenhydrate liefern, sind Zoodles ideal für gesundheitsbewusste Esser (100 g Zucchini schlagen gerade mal mit 19 kcal zu Buche). Zudem ist die Zucchini-Pasta reich an Mineralstoffen: Kalzium beispielsweise sorgt im Körper für die Reizübertragung in den Nervenzellen und für eine reibungslose Blutgerinnung.

KOHLRABI-APFEL-CARPACCIO MIT KRESSE UND KÜRBISKERNEN

Für 2 Personen
Zubereitung: 20 Minuten

2 EL Kürbiskerne
2 EL Weißweinessig
1 TL körniger Senf
Salz, Pfeffer aus der Mühle
1 TL flüssiger Honig
2 EL Kürbiskernöl
2 EL Olivenöl
2 junge Kohlrabis (à ca. 250 g)
2 kleine rotschalige Äpfel (z. B. Braeburn)
1 EL Zitronensaft
½ Beet Kresse

Pro Portion: ca. 390 kcal,
8 g EW, 27 g F, 26 g KH, 6 g BST

1. Die Kürbiskerne in einer Pfanne ohne Fett hell anrösten, herausnehmen und abkühlen lassen. Für die Vinaigrette Essig, Senf, Salz, Pfeffer, Honig und 2 EL Wasser in einer Schüssel gründlich verrühren. Dann das Kürbiskern- und Olivenöl gut unterschlagen.

2. Kohlrabis putzen und die zarten inneren grünen Blätter zum Garnieren beiseitelegen. Die Kohlrabis schälen und auf der Gemüsereibe oder mit einem scharfen Messer in sehr dünne Scheiben hobeln oder schneiden.

3. Die Äpfel waschen und jeweils das Kerngehäuse mit einem Apfelausstecher entfernen. Die Äpfel quer in dünne Scheiben hobeln oder schneiden. Sofort mit dem Zitronensaft beträufeln, damit sie sich nicht bräunlich verfärben.

4. Die Kohlrabi- und Apfelscheiben abwechselnd und leicht überlappend auf Tellern auslegen. Mit der Vinaigrette beträufeln und mit den Kürbiskernen bestreuen.

5. Zum Servieren die Kresse vom Beet abschneiden, waschen und trocken tupfen. Das beiseitegelegte Kohlrabigrün fein hacken. Beides über das Carpaccio streuen.

Die Ernährungs-Docs

Nicht nur geschmacklich ergänzen sich Apfel und Kohlrabi perfekt, auch als gesundes Dreamteam haben sie einiges zu bieten: Äpfel punkten als echte Multitalente vor allem mit ihren Vitaminen und dem sättigenden Ballaststoff Pektin – Kohlrabis warten ebenfalls mit Vitaminen und einer beachtlichen Menge an Mineralstoffen auf. Gegen Entzündungen wirkt hier der Pflanzenfarbstoff Betacarotin, der auch vor altersbedingten Augenerkrankungen, Krebskrankheiten und Gefäßveränderungen schützen soll.

LINSENNUDELSALAT MIT GEMÜSE

Für 2 Personen
Zubereitung: 45 Minuten

1 kleine Aubergine (ca. 250 g)
Salz
1 rote Paprikaschote
1 kleine Zucchini (ca. 150 g)
2 Schalotten
1 Knoblauchzehe
200 g kleine Strauchtomaten
2 EL schwarze Oliven (ohne Stein)
80 g rote Linsennudeln
(z. B. Spiralen)
4 EL Olivenöl
2 EL Rotweinessig
Pfeffer aus der Mühle
1 TL getr. Oregano
40 g Rucola
75 g Feta (Schafskäse)

Pro Portion: ca. 530 kcal,
21 g EW, 33 g F, 34 g KH, 9 g BST

1. Die Aubergine putzen, waschen und etwa 2 cm groß würfeln. Dann mit Salz bestreuen und etwa 15 Minuten ziehen lassen. Die Paprika längs vierteln, putzen, waschen und etwa 2 cm groß würfeln. Die Zucchini putzen, waschen und schräg in etwa ½ cm dünne Scheiben schneiden. Die Schalotten schälen, halbieren und in Streifen schneiden. Den Knoblauch schälen und fein würfeln. Die Tomaten waschen und in Spalten schneiden, dabei die Stielansätze entfernen. Die Oliven abtropfen lassen.

2. Nudeln in reichlich kochendem Salzwasser nach Packungsanweisung bissfest garen. Danach in ein Sieb abgießen, kalt abschrecken und abtropfen lassen.

3. Inzwischen in einer Pfanne 2 EL Öl erhitzen. Die Auberginen mit Küchenpapier trocken tupfen und in der Pfanne bei starker Hitze etwa 4 Minuten braten. Das restliche Öl, Paprika, Zucchini, Schalotten und Knoblauch dazugeben und alles bei mittlerer Hitze etwa 4 Minuten mitbraten. Dann Tomaten und Oliven etwa 2 Minuten mitbraten und das Gemüse mit Essig, Salz, Pfeffer und Oregano würzen. In eine Salatschüssel geben und abkühlen lassen.

4. Zum Servieren den Rucola verlesen, waschen und trocken schleudern, dabei die groben Stiele entfernen. Mit den Nudeln und dem Gemüse mischen und auf Schalen verteilen. Den Schafskäse zerbröckeln und darüberstreuen.

SPARGEL MIT ZIEGENKÄSETALERN

1. Den Spargel waschen und im unteren Drittel schälen, die holzigen Enden abschneiden. Den Spargel in einem Topf in reichlich kochendem Salzwasser etwa 8 Minuten bissfest garen. Anschließend herausheben und abtropfen lassen. Dabei 2 EL Spargelsud für das Dressing abnehmen und beiseitestellen.

2. Inzwischen die Tomate waschen und klein würfeln, dabei den Stielansatz entfernen. Schnittlauch waschen, trocken tupfen und in feine Röllchen schneiden.

3. Für die Marinade Essig, 2 EL abgenommenen Spargelsud, Salz, Pfeffer und 2 EL Öl verrühren. Tomatenwürfel und zwei Drittel des Schnittlauchs unterheben. Den Spargel in einer flachen Schale mit der Tomatenmarinade übergießen und etwa 10 Minuten ziehen lassen.

4. Währenddessen den Kerne-Mix grob hacken und in einer Pfanne ohne Fett hell anrösten, dann herausnehmen und abkühlen lassen. Die Ziegenkäsetaler mit dem übrigen Öl bestreichen und rundum in den Kernen wenden, dabei die Kerne leicht andrücken.

5. Zum Servieren den Spargel mit der Tomatenmarinade und den Ziegenkäsetalern auf Tellern anrichten und mit dem übrigen Schnittlauch bestreuen.

Für 2 Personen
Zubereitung: 40 Minuten

400 g grüner Spargel
Salz
1 große Tomate
½ Bund Schnittlauch
2 EL Weißweinessig
Pfeffer aus der Mühle
3 EL Olivenöl
2 EL Salatkerne-Mix
(z. B. Kürbis-, Pinien- und Sonnenblumenkerne)
4 Ziegenfrischkäsetaler (à ca. 40 g)

Pro Portion: ca. 380 kcal,
15 g EW, 30 g F, 9 g KH, 4 g BST

PUY-LINSEN-APFEL-SALAT MIT RADICCHIO

Für 2 Personen
Zubereitung: 35 Minuten

1 Möhre
1 Stange Staudensellerie
2 Zweige Thymian
1 kleiner Zweig Rosmarin
3 EL Olivenöl
100 g grüne Puy-Linsen
300 ml vegane Gemüsebrühe
1 kleines Lorbeerblatt
1 säuerlicher Apfel (z. B. Elstar)
1 EL Zitronensaft
1 Frühlingszwiebel
1 kleiner Radicchio
4 Stiele Petersilie
30 g geräucherte Mandeln (ersatzweise normale Mandeln)
2 EL Rotweinessig
1 TL Dijon-Senf
Salz, Pfeffer aus der Mühle

Pro Portion: ca. 520 kcal, 20 g EW, 27 g F, 40 g KH, 17 g BST

1. Die Möhre putzen, schälen und klein würfeln. Den Staudensellerie putzen, waschen und das Grün zum Garnieren beiseitelegen, die Stange klein würfeln. Thymian und Rosmarin waschen, trocken tupfen, die Blätter bzw. Nadeln abzupfen und fein hacken.

2. In einem Topf 1 EL Öl erhitzen und Möhre und Sellerie darin bei mittlerer Hitze etwa 2 Minuten anbraten. Die Linsen und die Brühe dazugeben, Lorbeer und Kräuter hinzufügen. Alles einmal aufkochen und mit geschlossenem Deckel bei schwacher Hitze etwa 20 Minuten garen, dabei ab und zu umrühren.

3. Inzwischen den Apfel waschen, vierteln, entkernen und in dünne Scheiben schneiden. Sofort mit dem Zitronensaft beträufeln, damit sie sich nicht bräunlich verfärben.

4. Frühlingszwiebel putzen, waschen und schräg in dünne Ringe schneiden. Vom Radicchio die äußeren Blätter entfernen. Den Salat in einzelne Blätter teilen, waschen, trocken schleudern und in mundgerechte Stücke zupfen. Die Petersilie waschen, trocken tupfen, die Blätter abzupfen und fein hacken. Das beiseitegelegte Selleriegrün in dünne Streifen schneiden. Die Mandeln grob hacken.

5. Für die Vinaigrette Essig, Senf, Salz und Pfeffer verrühren und das übrige Öl gründlich unterschlagen.

6. Das Linsengemüse in ein Sieb abgießen und kurz ausdampfen lassen, den Lorbeer wieder entfernen. Noch warm in der Vinaigrette wenden. Apfel, Frühlingszwiebel und Radicchio untermischen. Zum Servieren den Salat nochmals mit Salz und Pfeffer abschmecken, auf Teller verteilen und mit Petersilie, Selleriegrün und Mandeln bestreuen.

BUNTER QUINOASALAT MIT EDAMAME UND AVOCADO

Für 2 Personen
Zubereitung: 45 Minuten

75 g bunte Quinoa-Mischung („Tricolore"), Salz
150 g tiefgekühlte Edamamekerne (junge, grüne Sojabohnen)
3 EL Limettensaft
Pfeffer aus der Mühle
¼ TL rosenscharfes Paprikapulver
2 EL Olivenöl
2 TL Algenöl (ersatzweise Lein- oder Hanföl)
1 kleine rote Zwiebel
1 gelbe Spitzpaprikaschote
2 Tomaten
1 Avocado
4 Stiele Minze
150 g vegane Joghurtalternative auf Sojabasis

Pro Portion: ca. 490 kcal, 14 g EW, 30 g F, 38 g KH, 11 g BST

1. Quinoa in einem Sieb kalt abbrausen und in einem Topf in ½ l Salzwasser mit geschlossenem Deckel bei schwacher Hitze 20 bis 25 Minuten köcheln lassen. Etwa 5 Minuten vor Ende der Garzeit die gefrorenen Edamame dazugeben und mitgaren.

2. Währenddessen für das Dressing 2 EL Limettensaft, Salz, Pfeffer, Paprikapulver, Oliven- und Algenöl in einer Salatschüssel verrühren. Die Zwiebel schälen, fein würfeln und unter das Dressing rühren. Den Quinoa-Edamame-Mix in ein Sieb abgießen, kurz abtropfen lassen und ebenfalls unter das Dressing mischen.

3. Die Paprika längs halbieren, putzen, waschen und klein würfeln. Die Tomaten waschen und ebenfalls klein würfeln, dabei die Stielansätze entfernen. Avocado halbieren und entkernen, das Fruchtfleisch aus den Schalen lösen und in etwa 1 cm große Würfel schneiden. Paprika, Tomaten und Avocado unter den Quinoa-Mix heben.

4. Zum Servieren die Minze waschen, trocken tupfen, die Blätter abzupfen und fein hacken. Den Joghurt mit Minze, restlichem Limettensaft, Salz und Pfeffer verrühren. Den Salat auf Tellern anrichten und jeweils einen Klecks Minzejoghurt daraufsetzen, den Rest separat dazu reichen.

Die Ernährungs-Docs

Algenöl gilt zu Recht als Topquelle für die wertvollen Omega-3-Fettsäuren. Das Öl ist ein rein pflanzliches Produkt, das aus gezüchteten Mikroalgen hergestellt wird. Für alle, die keinen Fisch vertragen oder ihn aus ethischen oder ökologischen Gründen nicht essen möchten, kann es eine gute Alternative sein, um den Bedarf an Omega-3-Fettsäuren (EPA und DHA) zu decken. Da Algenöl recht empfindlich und teuer ist, sollte man es nur in der kalten Küche verwenden.

FENCHELSALAT MIT MOZZARELLA

Für 2 Personen
Zubereitung: 20 Minuten

1 Fenchelknolle (mit Grün; ca. 300 g)
Salz
100 g Radieschen
120 gemischte junge Blattsalate (z. B. Spinat, Pflücksalat, Mangold, Rucola, Mizuna, Feldsalat)
100 g Blaubeeren
80 g Mini-Mozzarellakugeln
25 g Pistazienkerne
2 EL Zitronensaft
2 TL körniger Senf
1 TL flüssiger Honig
Pfeffer aus der Mühle
2 EL Olivenöl
2 EL Walnussöl

1. Den Fenchel putzen und waschen, das zarte Grün zum Garnieren beiseitelegen. Den Fenchel vierteln und den harten Strunk keilförmig herausschneiden. Den Fenchel auf der Gemüsereibe in dünne Streifen hobeln, in einer Schüssel mit etwas Salz bestreuen und mit den Händen etwa 2 Minuten kneten.

2. Die Radieschen putzen, waschen und in dünne Scheiben schneiden. Salate verlesen, waschen und trocken schleudern, dabei die groben Stiele entfernen. Die Blaubeeren verlesen, waschen und trocken tupfen.

3. Die vorbereiteten Zutaten vorsichtig mischen und auf Tellern oder in Schalen anrichten. Den Mozzarella abtropfen lassen, größere Bällchen halbieren. Pistazien grob hacken und mit dem Mozzarella auf dem Salat verteilen.

4. Für das Dressing Zitronensaft, Senf, Honig, Salz und Pfeffer verquirlen und das Oliven- und Walnussöl unterrühren.

5. Zum Servieren das Dressing über den Salat träufeln und alles mit dem beiseitegelegten Fenchelgrün garnieren.

Pro Portion: ca. 450 kcal, 14 g EW, 36 g F, 14 g KH, 8 g BST

BROKKOLISALAT MIT BROMBEEREN

Für 2 Personen
Zubereitung: 25 Minuten

400 g Brokkoli
3 EL Zitronensaft
1 EL Apfelessig
2 TL Apfeldicksaft
Salz, Pfeffer aus der Mühle
3 EL Olivenöl
1 EL Leinöl
30 g Walnusskerne
125 g Brombeeren (frisch oder tiefgekühlt und aufgetaut)
½ Bund Petersilie

1. Den Brokkoli putzen, waschen und in Röschen teilen, den Strunk schälen und grob würfeln. Alles im Mixer oder in der Küchenmaschine portionsweise auf Reiskorngröße zerkleinern (nicht zu fein, sonst wird der Brokkoli musig).

2. Für das Dressing in einer Salatschüssel Zitronensaft, Essig, Apfeldicksaft, Salz und Pfeffer verrühren und das Oliven- und Leinöl mit dem Schneebesen nach und nach unterschlagen. Die Brokkolibrösel unter das Dressing mischen und etwa 10 Minuten ziehen lassen.

3. Inzwischen die Walnüsse grob hacken und in einer Pfanne ohne Fett hell anrösten. Herausnehmen und abkühlen lassen. Brombeeren verlesen, waschen und trocken tupfen (tiefgekühlte Beeren in einem Topf einmal kurz erhitzen). Die Petersilie waschen, trocken tupfen, die Blätter abzupfen und fein hacken.

4. Zum Servieren die Brombeeren und die Petersilie unter den Brokkoli-Mix heben und den Salat nochmals mit Salz und Pfeffer abschmecken. Dann auf Tellern anrichten und mit den Walnüssen bestreuen.

Pro Portion: ca. 390 kcal, 8 g EW, 33 g F, 13 g KH, 7 g BST

BELUGA-LINSENSALAT MIT AUBERGINEN-PICCATA

1. Die Linsen in einem Topf in reichlich Wasser aufkochen und mit geschlossenem Deckel bei schwacher Hitze 20 bis 25 Minuten bissfest garen.

2. Inzwischen den Spinat verlesen, waschen und trocken schleudern, dabei die groben Stiele entfernen. Radicchio putzen, waschen, längs vierteln, vom Strunk befreien und in etwa 1 cm breite Streifen schneiden. Tomaten waschen und in Spalten schneiden, dabei die Stielansätze entfernen.

3. Für die Vinaigrette in einer Salatschüssel beide Essigsorten, Salz, Pfeffer und 2 EL Öl verrühren. Die Linsen in ein Sieb abgießen, abtropfen lassen und mit der Vinaigrette mischen. Spinat, Radicchio und Tomaten unterheben und den Salat etwas durchziehen lassen.

4. Inzwischen den Backofen auf 100 °C vorheizen. Die Aubergine putzen, waschen und schräg in etwa 1 cm breite Scheiben schneiden, mit Salz bestreuen und etwa 10 Minuten ziehen lassen. Die Eier in einem tiefen Teller verquirlen, mit etwas Pfeffer würzen und den Käse unterrühren. Das Mehl in einen weiteren tiefen Teller geben.

5. Auberginenscheiben mit Küchenpapier trocken tupfen und erst im Mehl wenden, dann durch die verquirlten Eier ziehen. Das restliche Öl in einer großen beschichteten Pfanne erhitzen, die Auberginenscheiben darin portionsweise bei mittlerer Hitze auf jeder Seite etwa 3 Minuten goldbraun braten. Herausnehmen, kurz auf Küchenpapier abtropfen lassen und im Ofen warm halten.

6. Zum Servieren den Linsensalat nochmals mit Salz und Pfeffer abschmecken und mit der Auberginen-Piccata auf Tellern anrichten. Mit den Kürbiskernen bestreuen.

Für 2 Personen
Zubereitung: 45 Minuten

50 g Beluga-Linsen
50 g junger Spinat
1 Radicchio (ca. 150 g)
150 g kleine Strauchtomaten
2 EL Rotweinessig
1 EL Aceto balsamico
Salz, Pfeffer aus der Mühle
4 EL Olivenöl
1 Aubergine (ca. 300 g)
2 Eier (Größe M)
30 g geriebener Parmesan
1½ EL Dinkel-Vollkornmehl
1 EL Kürbiskerne

Pro Portion: ca. 500 kcal,
25 g EW, 33 g F, 24 g KH, 9 g BST

BLUMENKOHLSALAT MIT SPINAT UND KICHERERBSEN

Für 2 Personen
Zubereitung: 30 Minuten
Backen: 30 Minuten

½ Blumenkohl (ohne Grün; ca. 450 g)
1 Glas Kichererbsen (125 g Abtropfgewicht)
2 EL Olivenöl
1 TL Ahornsirup
½ TL gemahlener Kreuzkümmel
½ TL edelsüßes Paprikapulver
Salz, Pfeffer aus der Mühle
50 g junger Spinat
50 g Tahin (Sesampaste)
2 EL Zitronensaft
1 Knoblauchzehe
2 EL Granatapfelkerne (aus dem Kühlregal)

Pro Portion: ca. 390 kcal, 14 g EW, 24 g F, 25 g KH, 9 g BST

1. Den Backofen auf 200 °C vorheizen. Ein Backblech mit Backpapier belegen. Den Blumenkohl putzen, waschen und in Röschen teilen, den Strunk schälen und klein würfeln. Die Kichererbsen in einem Sieb abbrausen und gut abtropfen lassen.

2. In einer Schüssel das Öl mit Ahornsirup, Kreuzkümmel, Paprikapulver, Salz und Pfeffer verrühren und Blumenkohl und Kichererbsen gründlich untermischen. Alles auf dem Blech verteilen und im Ofen auf der mittleren Schiene etwa 30 Minuten rösten, dabei mehrmals wenden. Danach die Gemüse-Kichererbsen-Mischung herausnehmen und lauwarm abkühlen lassen.

3. Währenddessen den Spinat verlesen, waschen und trocken schleudern, dabei die groben Stiele entfernen. Das Tahin mit Zitronensaft und 80 ml Wasser glatt verrühren. Den Knoblauch schälen und dazupressen. Die Sauce mit Salz und Pfeffer würzen.

4. Zum Servieren den Spinat locker unter das Blumenkohl-Kichererbsen-Gemüse mischen, alles auf Tellern anrichten und mit der Sesamsauce beträufeln. Mit den Granatapfelkernen bestreuen.

Die Ernährungs-Docs

Granatapfelkerne sind echte Powerpakete: Sie liefern reichlich Ballaststoffe, wichtige Mineralstoffe (zum Beispiel Kalium), Vitamine wie Vitamin C und K sowie sekundäre Pflanzenstoffe. Unter ihnen stechen die Polyphenole hervor – rote Pflanzenfarbstoffe, die antioxidativ wirken und daher Entzündungen einbremsen können. Mit ihren gesunden Inhaltsstoffen helfen die Kerne auch gegen Bluthochdruck und einen hohen Cholesterinspiegel und sollen sogar vor Alzheimer und Prostatakrebs schützen.

KRÄUTER UND GEWÜRZE: MEHR GESCHMACK, MEHR GESUNDHEIT

Mit Kräutern und Gewürzen können Sie Ihre gesunde antientzündliche Ernährung prima ergänzen. Vor allem Scharfes bringt nicht nur Geschmack ans Essen – Chili, Ingwer und Co. wirken auch effektiv gegen Schmerzen und Entzündungen. Ätherische Öle schützen die Zellen vor oxidativem Stress. Bereits kleine Mengen haben große Effekte, wenn sie regelmäßig auf den Teller kommen.

CHILI

Gut für die Gesundheit, schlecht für Krankheitserreger: Die scharfen Chilischoten enthalten den Wirkstoff Capsaicin, der Erreger im Essen und im Verdauungstrakt abtötet und gleichzeitig die Durchblutung und die Fettverbrennung ankurbelt. Außerdem hat Chili immunstärkende und appetitzügelnde Eigenschaften. Ebenso wie Paprika – insbesondere die rote – enthalten Chilis reichlich Vitamin C. Aber Achtung: Da die Chilischärfe nicht jedermanns Sache ist, sollten Sie beim Würzen zunächst vorsichtig dosieren.

INGWER

Die Wunderwurzel wird in der traditionellen chinesischen Medizin (TCM) schon lange gegen entzündliche Prozesse eingesetzt. Sie enthält schmerzlindernde ätherische Öle und Antioxidanzien. Das gilt vor allem für frischen Ingwer und weniger für Ingwerpulver. Geschmack und Schärfe verdankt die Wurzel vor allem den beiden Hauptwirkstoffen 6-Gingerol und 6-Shogaol. Tipp: Wenn Sie eine frische Knolle im Haus haben, können Sie auch einfach einen Tee daraus zubereiten. Schneiden Sie ein paar Scheibchen ab und geben Sie sie in warmes, aber nicht kochendes Wasser.

KREUZKÜMMEL

Seine Samen schmecken würzig und sind eine klassische Zutat in orientalischen Speisen. Kreuzkümmel (Cumin) punktet gegenüber herkömmlichem Kümmel geschmacklich mit Schärfe und gesundheitlich mit entzündungshemmenden Eigenschaften; nebenbei lindert das Gewürz Verdauungsbeschwerden. Sein volles Aroma entfaltet Kreuzkümmel frisch gemahlen oder mit dem Mörser zerstoßen. Vor allem im Dreierpack mit Muskatnuss und Koriander wirkt Kreuzkümmel schmerzlindernd bei Gelenkschmerzen.

ZIMT

Zimt ist mehr als nur eine Zugabe in der Weihnachtsbäckerei, die wir für ihren Duft so lieben. Das Wintergewürz mit Heilwirkung steckt voller Antioxidanzien und ist reich an sekundären Pflanzenstoffen, die Entzündungen bekämpfen. Außerdem gibt es Hinweise, dass Zimt sich günstig auf den Blutzucker- und Cholesterinspiegel auswirkt. Das ätherische Öl Zimtaldehyd sorgt für den intensiven Geruch und Geschmack und hemmt das Wachstum einiger Bakterienarten.

ROSMARIN

Sein Öl ist so etwas wie pflanzliche Medizin. Bitterstoffe aus Rosmarin helfen bei Verdauungsbeschwerden, kurbeln den Kreislauf an und lindern Hautentzündungen ebenso wie Gelenkschmerzen. Mit ihren feinen Kapillaren verbessert die Heilpflanze die Durchblutung des Gehirns und sorgt dafür, dass wir uns besser konzentrieren können. Nicht umsonst wurde dem „Tau des Meeres“ schon in der Antike eine gedächtnisstärkende Wirkung nachgesagt.

LAUWARMER GEMÜSESALAT MIT NÜSSEN UND SPROSSEN-MIX

1. Frische Bohnen putzen, waschen und halbieren (Tiefkühlware gefroren verarbeiten). Die Bohnen in einem Topf in reichlich kochendem Salzwasser 5 bis 6 Minuten garen. Dann in ein Sieb abgießen, kalt abschrecken und gut abtropfen lassen. Inzwischen den Brokkoli putzen, waschen und die Röschen eventuell kleiner schneiden. Die Zuckerschoten putzen, waschen und schräg halbieren.

2. In einer großen beschichteten Pfanne 2 EL Öl erhitzen und Bohnen, Brokkoli und Zuckerschoten darin bei mittlerer Hitze etwa 3 Minuten dünsten. Die Brühe dazugießen und alles offen 2 bis 3 Minuten dünsten. Das Gemüse vom Herd nehmen, in ein Sieb abgießen und abtropfen lassen, dabei den Sud auffangen.

3. Inzwischen die Haselnussblättchen in einer Pfanne ohne Fett hell anrösten. Vom Herd nehmen und abkühlen lassen. Den Käse mit dem Sparschäler in Späne hobeln. Den Salat verlesen, waschen und gut trocken schleudern. Die Sprossen in einem Sieb abbrausen und abtropfen lassen.

4. Für das Dressing in einer Salatschüssel den Zitronensaft mit Nussmus, Salz, Pfeffer und Honig mit dem aufgefangenen Gemüsesud gut verrühren. Das übrige Öl unterschlagen und Gemüse und Salat vorsichtig untermischen. Zum Servieren den Salat auf Teller verteilen und mit den Käsespänen, Sprossen und Haselnussblättchen bestreuen.

Für 2 Personen
Zubereitung: 30 Minuten

200 g Prinzessbohnen (frisch oder tiefgekühlt)
Salz
150 g Brokkoliröschen
100 g Zuckerschoten
4 EL Olivenöl
150 ml Gemüsebrühe
2 EL Haselnussblättchen
30 g italien. Hartkäse (z. B. Grana Padano; am Stück)
60 g Salatmischung (z. B. Pflücksalat, Rucola, Baby-Mangold)
30 g Sprossen-Mix (z. B. Alfalfa, Linsen, Radieschen)
2 EL Zitronensaft
2 TL Haselnussmus
Pfeffer aus der Mühle
1 TL flüssiger Honig

Pro Portion: ca. 460 kcal, 16 g EW, 35 g F, 17 g KH, 8 g BST

Die Ernährungs-Docs

Egal ob Alfalfa, Kresse oder Radieschen: Sprossen sind wahre Superfoods und stecken voller wertvoller Nährstoffe. Vor allem enthalten die Microgreens Spermidin, einen Botenstoff, der in jeder Zelle vorkommt und dort Reinigungsprozesse (die sogenannte Autophagie) anstößt. Nach neuesten Forschungen soll eine spermidinreiche Ernährung auch unsere geistige Leistungsfähigkeit im Alter verbessern können.

BOHNENSALAT MIT GUACAMOLE

Für 2 Personen
Zubereitung: 30 Minuten

120 g grüne Bohnen, Salz
1 rote Spitzpaprikaschote
1 Frühlingszwiebel
250 g bunte Cocktailtomaten
130 g weiße Bohnen (aus dem Glas)
130 g schwarze Bohnen (aus dem Glas; ersatzweise Kidneybohnen)
3 EL Limettensaft
Pfeffer aus der Mühle
¼ TL gemahlener Kreuzkümmel
1 TL Ahornsirup
2 EL Olivenöl
1 Avocado
1 Knoblauchzehe
1 rote Chilischote
6–8 Stiele Koriandergrün

1. Grüne Bohnen putzen, waschen, halbieren und in reichlich kochendem Salzwasser 6 bis 8 Minuten garen. In ein Sieb abgießen, kalt abschrecken und abtropfen lassen.

2. Die Paprika längs halbieren, putzen, waschen und in feine Streifen schneiden. Die Frühlingszwiebel putzen, waschen und in dünne Ringe schneiden. Tomaten waschen und halbieren. Die weißen und schwarzen Bohnen in einem Sieb abbrausen und abtropfen lassen. Für das Dressing in einer Salatschüssel 2 EL Limettensaft, Salz, Pfeffer, Kreuzkümmel, Ahornsirup und Öl gründlich verrühren. Die vorbereiteten Zutaten untermischen.

3. Für die Guacamole die Avocado halbieren, entkernen und das Fruchtfleisch aus den Schalen lösen. Sofort mit dem übrigen Limettensaft beträufeln und mit einer Gabel zerdrücken, salzen und pfeffern. Den Knoblauch schälen, die Chili halbieren, putzen, waschen und beides fein würfeln. Das Koriandergrün waschen, trocken tupfen, die Blätter abzupfen und einige zum Garnieren beiseitelegen. Das restliche Koriandergrün fein hacken. Mit Chili und Knoblauch unter das Mus mischen.

4. Zum Servieren den Salat nochmals mit Salz und Pfeffer abschmecken, mit der Guacamole auf Tellern anrichten und mit dem beiseitegelegten Koriander bestreuen.

Pro Portion: ca. 420 kcal, 14 g EW, 21 g F, 36 g KH, 14 g BST

SANDDORNMÖHREN MIT JOGHURT

1. Möhren putzen und das Möhrengrün bis auf etwa 1 cm abschneiden. 1 Handvoll zartes Grün waschen, trocken tupfen und zum Garnieren beiseitelegen. Die Möhren dünn schälen, je nach Dicke längs halbieren oder vierteln.

2. In einer großen beschichteten Pfanne 1 EL Öl erhitzen und die Möhren darin bei mittlerer Hitze etwa 3 Minuten andünsten. Mit der Brühe ablöschen und mit geschlossenem Deckel 6 bis 8 Minuten bissfest garen. Anschließend die Möhren herausheben und abtropfen lassen, dabei den Möhrensud auffangen.

3. Währenddessen für die Sauce das Sanddornmark mit Zitronensaft, 4 EL Möhrensud, Salz, Pfeffer, ¼ TL Chiliflocken, Kreuzkümmel und dem übrigen Öl verquirlen. Die Möhren in eine flache Schale legen, mit der Sanddornsauce beträufeln und etwa 20 Minuten marinieren.

4. Inzwischen die Walnüsse, Mandeln und Kürbiskerne grob hacken, mit dem Sesam in einer Pfanne ohne Fett hell anrösten. Herausnehmen und abkühlen lassen.

5. Zum Servieren den Joghurt cremig rühren und auf Tellern flach verstreichen. Die Möhren darauf anrichten und mit der Sanddornsauce beträufeln. Mit dem Nuss-Mix bestreuen und mit dem Möhrengrün garnieren.

Für 2 Personen
Zubereitung: 40 Minuten
Marinieren: 20 Minuten

1 Bund Möhren (mit Grün; ca. 750 g)
2 EL Olivenöl
200 ml Gemüsebrühe
1 EL Sanddornmark mit Honig (aus dem Reformhaus)
2 EL Zitronensaft
Salz, Pfeffer aus der Mühle
½ TL Chiliflocken
½ TL gemahlener Kreuzkümmel
1 EL Walnusskerne
1 EL Mandeln
1 EL Kürbiskerne
2 TL dunkle Sesamsamen
300 g Joghurt (3,5 % Fett)

Pro Portion: ca. 470 kcal, 14 g EW, 32 g F, 30 g KH, 8 g BST

JAROMA-PILZ-PÄCKCHEN MIT FETA UND MANDELN

Für 2 Personen
Zubereitung: 25 Minuten
Garen: 20 Minuten

400 g Jaroma-Kohl (ersatzweise Spitzkohl)
200 g kleine Champignons
3 Frühlingszwiebeln
200 g kleine Tomaten
2 Knoblauchzehen
1 Zweig Rosmarin
3 Zweige Thymian
3 EL Olivenöl
2 TL Tomatenmark
Salz, Pfeffer aus der Mühle
30 g Mandeln
100 g Feta (Schafskäse)
3 Stiele Petersilie

Pro Portion: ca. 490 kcal, 20 g EW, 36 g F, 15 g KH, 11 g BST

1. Den Backofen auf 180 °C vorheizen. Vom Kohl die äußeren Blätter und den harten Strunk entfernen, die Blätter in etwa 3 cm große Stücke schneiden. Pilze putzen und, falls nötig, trocken abreiben, größere Exemplare halbieren. Frühlingszwiebeln putzen, waschen und schräg in etwa 2 cm lange Stücke schneiden. Tomaten waschen und halbieren, die Stielansätze entfernen. Knoblauch schälen und halbieren. Rosmarin und Thymian waschen, trocken tupfen, die Nadeln bzw. Blätter abzupfen und hacken.

2. Alle vorbereiteten Zutaten mit dem Öl und dem Tomatenmark in einer Schüssel gründlich mischen, mit Salz und Pfeffer würzen. Die Mandeln grob hacken. Den Feta grob zerbröckeln.

3. Anschließend auf der Arbeitsfläche zwei Stück Backpapier (à ca. 38 x 42 cm) ausbreiten. Je die Hälfte der Gemüsemischung mittig darauflegen und mit Mandeln und Feta bestreuen. Das Backpapier jeweils wie bei einem Bonbon darüber verschließen und die Enden seitlich mit Küchengarn fest zubinden.

4. Die Päckchen im Ofen auf der mittleren Schiene 15 bis 20 Minuten garen. Währenddessen die Petersilie waschen, trocken tupfen, die Blätter abzupfen und fein hacken.

5. Zum Servieren die Päckchen aus dem Ofen nehmen, auf Teller setzen und vorsichtig öffnen (Achtung, es entweicht heißer Dampf!). Mit der gehackten Petersilie bestreuen. Dazu passt Vollkornbaguette – pro Person 2 Scheiben à etwa 25 g.

SELLERIESCHNITZEL IM NUSSMANTEL MIT WINTERSALAT

Für 2 Personen
Zubereitung: 40 Minuten

½ Sellerieknolle (ca. 500 g)
Salz
1 Bio-Zitrone
1 EL scharfer Ajvar
1 TL getr. Thymian
Pfeffer aus der Mühle
2 EL Olivenöl
20 g Pekannusskerne
1 EL zarte Haferflocken
1 EL Sonnenblumenkerne
150 g Joghurt (1,5 % Fett)
1 TL flüssiger Honig
1 große Möhre
1 Chicorée
100 g Endiviensalat
½ Bund Schnittlauch

Pro Portion: ca. 360 kcal,
12 g EW, 21 g F, 23 g KH, 13 g BST

1. Den Sellerie putzen, schälen und in etwa 1 cm dicke Scheiben schneiden. Die Selleriescheiben in reichlich kochendem Salzwasser 6 bis 8 Minuten bissfest garen, dann kalt abschrecken, abtropfen lassen und trocken tupfen.

2. Den Backofen auf 200 °C vorheizen. Ein Backblech mit Backpapier belegen. Zitrone heiß waschen, abtrocknen und die Schale fein abreiben, dann die Zitrone halbieren und auspressen. Die Zitronenschale, 1 EL Zitronensaft, Ajvar, Thymian, Salz, Pfeffer und Öl verrühren. Die Selleriescheiben auf beiden Seiten mit der Marinade bestreichen und nebeneinander auf das Blech legen. Im Ofen auf der mittleren Schiene 15 bis 20 Minuten backen.

3. Inzwischen die Pekannüsse grob hacken und mit Haferflocken und Sonnenblumenkernen in einer Pfanne ohne Fett hell anrösten. Herausnehmen und abkühlen lassen.

4. Für das Dressing in einer Salatschüssel den Joghurt mit dem übrigen Zitronensaft, Salz, Pfeffer und Honig gründlich verrühren.

5. Die Möhre putzen, schälen und auf der Gemüsereibe grob raspeln. Den Chicorée längs halbieren, putzen, waschen und in 1 bis 2 cm breite Streifen schneiden. Den Endiviensalat putzen, waschen und trocken schleudern, die Salatblätter in mundgerechte Stücke zupfen. Den Schnittlauch waschen, trocken tupfen und in feine Röllchen schneiden. Alle Zutaten unter das Dressing mischen.

6. Zum Servieren die Sellerieschnitzel aus dem Ofen nehmen und mit dem Salat auf Tellern anrichten, mit der Nuss-Flocken-Mischung bestreuen.

MUNG-DAL-KIMCHI-PANCAKES MIT SPROSSENSALAT

1. Die Mung-Dal-Bohnen in einem Sieb kalt abbrausen, abtropfen lassen und in einer Schüssel in 150 ml Wasser mindestens 2 Stunden einweichen.

2. Anschließend die Bohnen in ein Sieb abgießen und mit 100 ml frischem Wasser in einem hohen Rührbecher mit dem Stabmixer fein pürieren.

3. Ingwer schälen und fein reiben. Frühlingszwiebeln putzen, waschen und in kleine Würfel schneiden. Möhre putzen, schälen und auf der Gemüsereibe grob raspeln. Den Kimchi kurz abtropfen lassen und hacken. Die vorbereiteten Zutaten unter die Bohnenmasse heben, mit etwas Salz und Pfeffer würzen.

4. Den Backofen auf 100 °C vorheizen. 2 EL Öl in einer großen beschichteten Pfanne erhitzen. Aus der Bohnenmasse je 4 bis 5 Portionen (à ca. 1 EL) in die Pfanne setzen und bei mittlerer Hitze etwa 3 Minuten backen. Die Pancakes wenden und 1 bis 2 Minuten fertigbacken. Herausnehmen und im Ofen warm halten. Aus der übrigen Masse weitere 4 bis 5 Pancakes auf jeder Seite knusprig backen.

5. Inzwischen den Rettich putzen, schälen und auf der Gemüsereibe in feine Stifte hobeln. Die Sprossen in einem Sieb abbrausen, abtropfen lassen und leicht auseinanderzupfen. Spinat verlesen, waschen und trocken schleudern, dabei die groben Stiele entfernen. Das Koriandergrün waschen, trocken tupfen und die Blätter abzupfen.

6. Für das Dressing Chili- und Sojasauce in einer Salatschüssel mit dem Limettensaft und dem übrigen Öl gründlich verrühren. Rettich, Sprossen, Spinat und Koriander untermischen. Zum Servieren die Pancakes mit dem Salat auf Tellern anrichten.

Für 2 Personen
Zubereitung: 30 Minuten
Einweichen: 2 Stunden

90 g Mung Dal (getrocknete, geschälte, halbierte Mungobohnen)
10 g Ingwer
2 dünne Frühlingszwiebeln
1 Möhre (ca. 100 g)
50 g Kimchi (korean. fermentierter Chinakohl; aus dem Kühlregal)
Salz, Pfeffer aus der Mühle
3 EL Sesamöl (ersatzweise Rapsöl)
200 g Rettich
50 g Sprossen-Mix
(z. B. Alfalfa, Linsen, Radieschen)
50 g junger Spinat
4 Stiele Koriandergrün
1 EL vegane Chilisauce
1½ EL vegane Sojasauce (z. B. Tamari)
1 EL Limettensaft

Pro Portion: ca. 380 kcal,
17 g EW, 17 g F, 37 g KH, 8 g BST

GEFÜLLTE PORTOBELLO-PILZE MIT FELDSALAT

1. Pilze putzen und, falls nötig, trocken abreiben. Die Stiele abdrehen und klein würfeln, die Kappen beiseitelegen.

2. Die Frühlingszwiebeln putzen, waschen, das Weiße und Hellgrüne separat in dünne Ringe schneiden. Den Kürbis schälen, die Kerne mit einem Löffel entfernen und das Fruchtfleisch in kleine Würfel schneiden. Den Knoblauch schälen und fein würfeln. Den Spinat verlesen, waschen und trocken schleudern, dabei grobe Stiele entfernen.

3. Den Backofen auf 180 °C vorheizen. 3 EL Olivenöl in einer Pfanne erhitzen und weiße Frühlingszwiebeln, Kürbis und Knoblauch darin bei mittlerer Hitze etwa 5 Minuten anbraten. Die Pilzstiele untermischen und etwa 2 Minuten mitdünsten, dann den Spinat und die grünen Frühlingszwiebeln dazugeben, unterrühren und alles 2 bis 3 Minuten dünsten. Mit Salz, Pfeffer und Pul Biber würzen.

4. Eine Auflaufform (ca. 25 x 35 cm) mit Öl einfetten, die Pilzkappen mit den Lamellen nach oben nebeneinander hineinlegen und mit der Gemüsemischung füllen. Den Käse reiben, die gefüllten Pilze mit dem Käse bestreuen und mit übrigem (1 EL) Olivenöl beträufeln. Dann im Ofen auf der mittleren Schiene etwa 30 Minuten backen.

5. Inzwischen den Feldsalat verlesen, waschen und trocken schleudern, dabei grobe Stiele entfernen. Die Sprossen in einem Sieb abbrausen und abtropfen lassen.

6. Für die Vinaigrette in einer Salatschüssel Essig, 2 EL Wasser, Salz, Pfeffer und Apfeldicksaft gründlich verrühren und das Rapsöl untermischen.

7. Zum Servieren Feldsalat und Sprossen mit der Vinaigrette mischen und auf Teller verteilen. Die gefüllten Pilze aus dem Ofen nehmen und dazu anrichten.

Für 2 Personen
Zubereitung: 40 Minuten
Backen: 30 Minuten

4 Portobello-Pilze
(ca. 400 g; ersatzweise
8 große Champignons)
3 Frühlingszwiebeln
300 g Butternusskürbis
1 Knoblauchzehe
100 g junger Spinat
4 EL Olivenöl
Salz, Pfeffer aus der Mühle
2 Msp. Pul Biber
(scharfe Paprikaflocken)
Öl für die Form
30 g Bergkäse
(am Stück; 45 % Fett i. Tr.)
80 g Feldsalat
30 g Alfalfa-Sprossen
2 EL Rotweinessig
2 TL Apfeldicksaft
2 EL Rapsöl

Pro Portion: ca. 485 kcal,
15 g EW, 38 g F, 15 g KH, 9 g BST

ANTIPASTI-GEMÜSE MIT MANDELN

Für 2 Personen
Zubereitung: 30 Minuten
Garen: 30 Minuten

1 rote Paprikaschote
200 g Blumenkohl
100 g kleine Kräuterseitlinge
2 Knoblauchzehen
2 EL Olivenöl
1 TL gemahlene Kurkuma
½ TL rosenscharfes Paprikapulver
Salz, Pfeffer aus der Mühle
30 g geschälte Mandeln
1 kleine Zitrone
1 TL Ahornsirup
1 EL Hanf- oder Leinöl
2 Stiele Basilikum

Pro Portion: ca. 310 kcal,
8 g EW, 25 g F, 10 g KH, 6 g BST

1. Den Backofen auf 200 °C vorheizen. Ein Backblech mit Backpapier belegen. Die Paprika längs halbieren, entkernen, waschen und in etwa 2 cm große Stücke schneiden. Den Blumenkohl putzen, waschen und in Röschen teilen. Pilze putzen, falls nötig, trocken abreiben und in Scheiben oder Stücke schneiden. Knoblauch schälen und in feine Scheiben schneiden.

2. In einer Schüssel das Olivenöl mit Kurkuma, Paprikapulver, Salz und Pfeffer verrühren. Paprika, Blumenkohl, Pilze und Knoblauch hinzufügen und alles gründlich mischen. Das Gemüse gleichmäßig auf dem Blech verteilen und im Ofen auf der mittleren Schiene 25 bis 30 Minuten goldbraun garen, dabei nach der Hälfte der Garzeit wenden. Aus dem Ofen nehmen und etwa 5 Minuten abkühlen lassen.

3. Inzwischen die Mandeln in einer Pfanne ohne Fett hell anrösten. Herausnehmen und abkühlen lassen, dann mit Salz würzen. Für das Dressing die Zitrone halbieren, auspressen und den Saft mit Sirup, Salz, Pfeffer und Hanf- oder Leinöl gründlich verrühren.

4. Zum Servieren das abgekühlte Gemüse auf Tellern anrichten und mit dem Dressing beträufeln. Basilikum waschen, trocken tupfen, die Blätter abzupfen und mit den Mandeln über das Gemüse streuen. Das Antipasti-Gemüse schmeckt übrigens noch aromatischer, wenn man es über Nacht kühl durchziehen lässt.

Die Ernährungs-Docs

Der warme Salat nach mediterraner Art ist eine wahre Augenweide: Der intensive Farbstoff Curcumin aus der Gelbwurz (Kurkuma) lässt ihn so schön leuchten. Curcumin findet auch als Lebensmittelfarbstoff Verwendung – aus medizinischer Sicht ist aber seine entzündungshemmende Wirkung entscheidend.

GEMÜSENUDELSALAT MIT ANANAS UND CASHEWDRESSING

1. Die Chilischote längs halbieren, putzen und waschen, den Knoblauch schälen und beides fein würfeln. Das Algenblatt im Mörser zerbröseln oder mit einem Messer fein hacken.

2. Für das Dressing in einer Salatschüssel Essig, Sojasauce, Ahornsirup, Cashewmus und Öl glatt verrühren. Chili, Knoblauch und Nori-Brösel untermischen.

3. Zucchini und Gurke putzen und waschen, Möhre putzen und schälen, das vorbereitete Gemüse mit dem Spiralschneider in lange, spaghettifeine Streifen schneiden. Die Frühlingszwiebeln putzen, waschen und in dünne Ringe schneiden. Ananas schälen, putzen und in dünne Scheiben schneiden. Gemüsenudeln und Ananas mit dem Dressing mischen und etwa 10 Minuten ziehen lassen.

4. Inzwischen die Paranüsse grob hacken und in einer Pfanne ohne Fett hell anrösten. Anschließend herausnehmen und abkühlen lassen. Zum Servieren den Salat mit Salz und Pfeffer abschmecken, auf Tellern oder in Schalen anrichten und mit den Paranüssen bestreuen.

★ Kleine Handspiralschneider sind preisgünstig und für alle geeignet, die nur sporadisch Gemüse in „Spaghetti“ verwandeln möchten. Wer häufig Spiralnudeln dreht, für den lohnt sich die Anschaffung eines elektrischen Geräts.

Für 2 Personen
Zubereitung: 35 Minuten

½ rote Chilischote
1 Knoblauchzehe
½ getr. Nori-Algenblatt
2 EL Apfelessig
1 EL vegane Sojasauce (z. B. Tamari)
1 TL Ahornsirup
1 EL Cashewmus
2 EL Sesamöl (ersatzweise Rapsöl)
1 Zucchini (ca. 175 g)
1 Mini-Salatgurke
1 Möhre (ca. 100 g)
2 Frühlingszwiebeln
150 g Ananas
4 Paranusskerne (ca. 20 g)
Salz, Pfeffer aus der Mühle

Pro Portion: ca. 340 kcal, 7 g EW, 24 g F, 20 g KH, 5 g BST

Die Ernährungs-Docs

Dieser Salat ist die reinste Nährstoff-Infusion für den Stoffwechsel! Er liefert kaum Kohlenhydrate, dafür reichlich gesunde Fette und einen Regenbogen an sekundären Pflanzenstoffen. Effektive Helfer gegen Entzündungen sind die Inhaltsstoffe aus Chili, Knoblauch und Algen sowie das in der Ananas enthaltene Enzym Bromelain. Es fördert den Heilungsprozess bei Verletzungen und verhindert so mögliche Entzündungen.

FALAFEL AUF BUNTEM WILDKRÄUTERSALAT

Für 2 Personen
Zubereitung: 35 Minuten

1 kleine rote Zwiebel
1 Knoblauchzehe
1 Bund Petersilie
½ Bund Koriandergrün
1 Glas Kichererbsen (125 g Abtropfgewicht)
½ Bio-Zitrone
50 g Kichererbsenmehl (ersatzweise Hafermehl)
1 TL Harissa-Paste
½ TL gemahlener Kreuzkümmel
Salz, Pfeffer aus der Mühle
2 EL Tahin (Sesampaste)
2 EL Olivenöl
75 g Wildkräutersalat mit Blüten (z. B. Brunnenkresse, Giersch, Löwenzahn, Rucola, Schafgarbe, Stiefmütterchen, Veilchen)
1 Mini-Salatgurke
100 g Cocktailtomaten
1 Handvoll Radieschensprossen

1. Zwiebel und Knoblauch schälen und fein würfeln. Petersilie und Koriander waschen, trocken tupfen und samt Stielen fein hacken. Die Kichererbsen in einem Sieb abbrausen und abtropfen lassen. Die Zitrone heiß waschen, abtrocknen und ½ TL Schale fein abreiben, anschließend die Zitronenhälfte auspressen.

2. Zwiebel, Knoblauch und Kräuter mit der Zitronenschale und 1 EL Zitronensaft sowie Kichererbsen, Kichererbsenmehl, Harissa, Kreuzkümmel, Salz und Pfeffer in einem hohen Rührbecher mit dem Stabmixer nicht zu fein pürieren.

3. Für die Sauce die Sesampaste mit dem übrigen Zitronensaft, Salz, Pfeffer und 80 ml Wasser glatt verrühren.

4. Aus der Falafelmasse mit angefeuchteten Händen etwa 8 Taler formen und in einer großen beschichteten Pfanne im Öl auf jeder Seite etwa 5 Minuten braten. Herausnehmen und auf Küchenpapier kurz abtropfen lassen.

5. Inzwischen Wildkräuter verlesen, waschen und trocken tupfen. Gurke putzen, waschen und in dünne Scheiben schneiden. Tomaten waschen und halbieren. Sprossen in einem Sieb abbrausen und abtropfen lassen.

6. Zum Servieren die Salatzutaten mischen, salzen, pfeffern und auf Teller verteilen. Die Falafel daraufsetzen und die Sesamsauce über Salat und Falafel träufeln.

Pro Portion: ca. 475 kcal,
18 g EW, 24 g F, 41 g KH, 11 g BST

Die Ernährungs-Docs

Kichererbsen sind echte Verwandlungskünstler! Sie eignen sich nicht nur für Currys oder Pasten wie Hummus, sondern auch als veganer Fleischersatz wie in diesen Bratlingen. Zudem sind Kichererbsen extrem gesund, liefern kaum Fett, dafür aber 20 Prozent hochwertiges Pflanzeneiweiß sowie reichlich Ballaststoffe, Vitamine, Mineralstoffe und Spurenelemente. Wer regelmäßig Kichererbsen isst, unterstützt auch sein Mikrobiom.

SCHOKO, KUCHEN, KRAUTSALAT: TAPPEN SIE NICHT IN ZUCKERFALLEN

Keine Frage: Zucker ist ungesund – und steht an erster Stelle, wenn es um Auslöser für Entzündungen geht. Doch leider schmeckt Süßes so gut, dass wir häufig gar nicht mehr die Finger davon lassen können und viel mehr essen, als uns guttut. Um das zu vermeiden, reicht es nicht, den Puderzucker auf dem Zitronenkuchen wegzulassen. Sie sollten auch typische Zuckerfallen kennen.

FALLE 1

HERZHAFTES GESCHMACKLICH AUFGEPEPPT

Grünkohl aus der Dose, Rotkohl oder Essiggurken aus dem Glas und der fertige Krautsalat aus der Plastikschale sind zwar praktisch und schmecken eher herzhaft als süß, sie sind aber – was die meisten nicht wissen – oft auch Zuckerbomben. Denn Fertiggerichte werden bei der Herstellung meist so verarbeitet, dass sie süßer schmecken und deshalb häufiger gekauft werden. Greifen Sie im Rahmen einer antientzündlichen Ernährung daher besser zu frischem Gemüse und bereiten Sie es selbst zu.

FALLE 2

ZU VIEL PERFEKTIONISMUS

Menschen, die es besonders gut machen wollen, sind ebenfalls gefährdet. Denn wer sich Süßes komplett verbietet, entwickelt regelrechten Heißhunger darauf und nascht dann erst recht. Bedenken Sie, dass Sie sich nicht hundertprozentig zuckerfrei ernähren müssen. Es ist bereits ein großer Gewinn, wenn Sie ein Bewusstsein für Ihren Zuckerkonsum entwickeln, sich Süßes nur gelegentlich gönnen und sich ansonsten ausgewogen ernähren.

WENN DER ZUCKERSPIEGEL DAUERHAFT HOCH IST

Wenn das Blut ständig mit Zucker überladen wird, besteht vor allem bei Übergewicht ein erhöhtes Risiko für Diabetes Typ 2. Daraus kann sich – ebenso wie aus Diabetes Typ 1 – eine gefährliche sogenannte Hyperglykämie entwickeln, die umgangssprachlich auch Überzuckerung genannt wird. Typische Symptome sind starker Durst, der mit häufigem Harndrang einhergeht. Auch Müdigkeit, Bauchschmerzen, Übelkeit und niedriger Blutdruck sind typische Zeichen für eine Überzuckerung. Wer bereits Diabetes hat, sollte seine Blutzuckerwerte regelmäßig messen, gegebenenfalls Insulin spritzen und viel trinken. Unbehandelt kann eine Hyperglykämie zu Komplikationen führen und lebensbedrohlich werden.

ZUM ABGEWÖHNEN

Um vom Zucker loszukommen, gibt es einen sanften Weg. Fangen Sie in kleinen Etappen an, die Süße zu reduzieren, die Sie gewohnt sind. Ob als Zutat im Kaffee, beim Kuchenbacken oder Zubereiten von Desserts – probieren Sie es zuerst einmal mit der Hälfte, bis es Ihnen schmeckt. Dann gehen Sie weiter herunter auf ein Drittel – und es schmeckt wahrscheinlich immer noch, denn Süßgeschmack lässt sich abgewöhnen.

FALLE 3

DER TRICK MIT DER ZUTATENLISTE

Um herauszufinden, wie viel Zucker ein Fertigprodukt enthält, lohnt sich ein Blick auf die Zutatenliste. Dort muss stehen, was drinsteckt, und zwar so, dass die größten Mengen zuerst genannt werden. Hier tricksen die Hersteller gerne, indem sie verschiedene Zuckerarten verwenden, die dann einzeln geringere Mengen ausmachen und nach hinten rutschen. Typisch sind Begriffe wie Fruktose, Glukose, Maltose, Lactose, Saccharose oder Maltodextrin. Oder es wird nur ein Teil der Süße ausdrücklich als Zucker benannt, der Rest versteckt sich hinter Bezeichnungen wie Apfelmark, Traubenzucker oder Tomatenmark in der Sauce.

FALLE 4

LIGHTPRODUKTE MIT FALSCHEN VERSPRECHEN

Ob Joghurt, Süßigkeiten oder Säfte – sogenannte Lightprodukte versprechen Süßgeschmack ohne Reue. Das trifft im Hinblick auf die Kalorien zwar zu, nicht aber in Sachen Gesundheit. Denn künstlicher Zuckerersatz in Form von Süßstoffen kann unter anderem das Mikrobiom schädigen und Entzündungen befeuern. Hinzu kommt: Süßstoffe sind nicht weniger verführerisch als Zucker. Sie sorgen unter anderem dafür, dass spezielle Bakterien im Darm entstehen, die auch dann Nachschub verlangen, wenn wir eigentlich satt sind.

FALLE 5

FLÜSSIGE FALLEN

Man sieht es ihnen nicht an: Obstsäfte, Nektare und Softdrinks werden gerne mit Bildern von knackigen Zitrusfrüchten versehen, um gesund zu wirken. Tatsächlich sind sie aber viel zu oft echte Zuckerbomben. So stecken in einem Liter Apfelsaft 120 Gramm Zucker. Außerdem enthält Fruchtsaft Fruktose, die unabhängig von Insulin verstoffwechselt wird, direkt in die Leber gelangt und im Übermaß dick macht. Denken Sie daran: Es gibt keinen Grund, Früchte zu trinken. Setzen Sie lieber auf Obst im Original und löschen Sie Ihren Durst mit Wasser.

ASIATISCHER GARNELENSALAT MIT ENDIVIEN

1. Die Garnelen nach Packungsanweisung auftauen lassen. Anschließend in einem Sieb abbrausen, abtropfen lassen und trocken tupfen. Den Sesam in einer Pfanne ohne Fett hell anrösten, herausnehmen und abkühlen lassen.

2. Die Zuckerschoten putzen, waschen und schräg in dünne Streifen schneiden. Die Gurke putzen, waschen und streifig schälen. Dann längs halbieren, entkernen und die Hälften schräg in dünne Scheiben schneiden. Die Frühlingszwiebeln putzen, waschen, das Weiße und Hellgrüne in dünne Ringe schneiden. Den Endiviensalat in Blätter zerteilen, putzen, waschen und trocken schleudern, die Salatblätter in mundgerechte Stücke zupfen.

3. Für die Würzsauce den Ingwer schälen und fein würfeln. Die Peperoni längs halbieren, putzen, waschen und fein würfeln. Beides mit Sojasauce, Honig, Limettensaft und 2 EL Öl in einer Salatschüssel verrühren.

4. Das übrige Öl in einer Pfanne erhitzen und die Garnelen darin bei mittlerer bis starker Hitze etwa 3 Minuten braten. Mit 3 EL Würzsauce ablöschen und alles aufkochen.

5. Zum Servieren Zuckerschoten, Gurke, Frühlingszwiebeln und Endiviensalat zur restlichen Würzsauce geben und untermischen. Den Salat mit den Garnelen samt Bratsud auf Tellern anrichten und mit dem Sesam bestreuen.

Für 2 Personen
Zubereitung: 35 Minuten

250 g tiefgekühlte rohe Garnelen (ohne Kopf und Schale)
2 TL ungeschälte Sesamsamen
100 g Zuckerschoten
1 Salatgurke
2 Frühlingszwiebeln
100 g Endiviensalat
20 g Ingwer
1 grüne Peperoni (Pfefferschote)
2 EL Sojasauce (z. B. Tamari)
1 TL flüssiger Honig
3 EL Limettensaft
4 EL Sesamöl (ersatzweise Rapsöl)

Pro Portion: ca. 435 kcal, 29 g EW, 25 g F, 19 g KH, 7 g BST

Die Ernährungs-Docs

Greifen Sie ruhig öfter zu Salatsorten wie Endivie, Chicorée oder Radicchio, denn sie enthalten reichlich Bitterstoffe: Diese Substanzen wirken nicht nur antioxidativ in den Zellen. Sie regen auch den Appetit und die Produktion von Verdauungssekreten an, was Leber und Galle entlastet und die Fettverdauung ankurbelt. Bitterstoffe gelten zudem als effektive Helfer im Kampf gegen Diabetes und bestimmte Krebserkrankungen.

SOMMERSALAT MIT RÄUCHERFORELLE

Für 2 Personen
Zubereitung: 40 Minuten

2 Eier (Größe M)
150 g grüne Bohnen
Salz
½ Kopfsalat (ca. 200 g)
1 gelbe Spitzpaprikaschote
1 Mini-Salatgurke
4 kleine Strauchtomaten
125 g geräuchertes Forellenfilet
2½ EL Rotweinessig
½ TL Dijon-Senf
Pfeffer aus der Mühle
4 EL Olivenöl
4 Stiele Petersilie
½ Knoblauchzehe zum Ausreiben der Salatteller
30 g schwarze Oliven (ohne Stein)

Pro Portion: ca. 420 kcal, 25 g EW, 30 g F, 11 g KH, 5 g BST

1. Die Eier in kochendem Wasser etwa 10 Minuten hart kochen, dann kalt abschrecken. Inzwischen die Bohnen putzen, waschen und halbieren. In reichlich kochendem Salzwasser 8 bis 10 Minuten bissfest garen. In ein Sieb abgießen, kalt abschrecken und gut abtropfen lassen.

2. Vom Salat die äußeren Blätter entfernen. Den Salat in einzelne Blätter teilen, waschen, trocken schleudern und in mundgerechte Stücke zupfen. Die Paprika längs halbieren, putzen, waschen und quer in dünne Streifen schneiden. Die Gurke putzen, waschen und in dünne Scheiben schneiden. Die Tomaten waschen und vierteln, dabei die Stielansätze entfernen. Das Forellenfilet grob zerpflücken. Die Eier pellen und vierteln.

3. Für die Vinaigrette in einer Schüssel Essig, Senf, Salz und Pfeffer verquirlen und das Öl unterschlagen.

4. Zum Servieren die Petersilie waschen, trocken tupfen, die Blätter abzupfen und fein hacken. Tiefe Teller mit der halbierten Knoblauchzehe ausreiben, den Kopfsalat darin verteilen und Bohnen, Paprika, Gurke, Tomaten, Forelle und Eier darauf anrichten. Den Salat zuletzt mit der Vinaigrette beträufeln und mit Oliven und Petersilie bestreuen. Nach Belieben pro Person noch 2 Scheiben Vollkornbaguette (à ca. 25 g) dazu reichen.

Die Ernährungs-Docs

Treiben Sie es beim Kochen ruhig bunt – möglichst mit saisonalem Gemüse und Obst aus ökologischem Anbau. Neben vielen Vitaminen und Mineralstoffen stecken in Pflanzenkost jede Menge sekundäre Pflanzenstoffe wie Chlorophyll, Lykopin oder Carotinoide. Diese „Bodyguards" schützen uns vor freien Radikalen und helfen uns damit im Kampf gegen Entzündungen.

KABELJAUPÄCKCHEN MIT BUNTEM PFANNENGEMÜSE

Für 2 Personen
Zubereitung: 40 Minuten

1 Zucchini (ca. 200 g)
100 g kleine Champignons
je 1 kleine rote und gelbe Paprikaschote
1 kleine rote Zwiebel
1 Knoblauchzehe
6 Zweige Thymian
2 Zweige Oregano
2 Kabeljaufilets (à ca. 180 g)
Salz, Pfeffer aus der Mühle
1 EL kleine Kapern (z. B. Nonpareilles)
100 ml Gemüsebrühe
3 EL Olivenöl
½ TL rosenscharfes Paprikapulver
100 ml Tomatensaft

Pro Portion: ca. 370 kcal, 38 g EW, 18 g F, 10 g KH, 5 g BST

1. Die Zucchini putzen, waschen, längs halbieren und in etwa ½ cm dünne Scheiben schneiden. Die Pilze putzen, falls nötig, trocken abreiben und halbieren. Paprika halbieren, putzen, waschen und in etwa 2 cm große Stücke schneiden. Die Zwiebel schälen und in dünne Spalten schneiden. Den Knoblauch schälen und fein würfeln. Thymian und Oregano waschen, trocken tupfen und die Blätter abzupfen.

2. Den Backofen auf 200 °C vorheizen. Den Kabeljau waschen, trocken tupfen, salzen und pfeffern. Jedes Filet auf einen Bogen Backpapier (ca. 38 x 42 cm) legen, mit der Hälfte der Kräuter und mit den Kapern bestreuen. Jeweils 2 EL Brühe darüberträufeln. Danach das Backpapier wie bei einem Bonbon darüber verschließen und die Enden seitlich mit Küchengarn fest zubinden. Die Päckchen nebeneinander auf ein Backblech setzen und im Ofen auf der 2. Schiene von unten 12 bis 15 Minuten garen.

3. Inzwischen in einer großen beschichteten Pfanne 1 EL Öl erhitzen und Zucchini und Pilze darin bei mittlerer Hitze etwa 3 Minuten unter Wenden hell anbraten. Das übrige Öl hinzufügen und Paprika, Zwiebel und Knoblauch etwa 2 Minuten mitbraten. Alles mit Salz, Pfeffer und Paprikapulver würzen. Die restlichen Kräuter dazugeben und den Tomatensaft und die restliche Brühe dazugießen. Alles einmal aufkochen und mit geschlossenem Deckel bei mittlerer Hitze noch etwa 5 Minuten schmoren.

4. Zum Servieren die Kabeljaupäckchen aus dem Ofen nehmen und mit dem Gemüse auf Teller setzen. Die Päckchen erst bei Tisch öffnen (Achtung, heißer Dampf entweicht!).

HÄHNCHEN-HAFER-NUGGETS MIT LETSCHO

1. Die Zwiebel schälen und in feine Streifen schneiden. Den Knoblauch schälen und fein würfeln. Sellerie putzen, waschen und in etwa 1 cm breite Scheiben schneiden, dabei das zarte Selleriegrün grob hacken und zum Garnieren beiseitelegen. Die Paprikaschoten vierteln, putzen, waschen und in etwa 2 cm große Stücke schneiden. Die Tomaten waschen und vierteln, dabei Stielansätze und Kerne entfernen. Den Rosmarin waschen, trocken tupfen, die Nadeln abzupfen und fein hacken.

2. In einem breiten Topf 1 EL Öl erhitzen und Zwiebel und Knoblauch darin bei mittlerer Hitze andünsten. Sellerie, Paprika, Tomaten und Tomatenmark hinzufügen und kurz mitrösten. Mit der Brühe ablöschen und den Rosmarin dazugeben. Das Letscho mit Paprikapulver, Salz und Pfeffer würzen und mit geschlossenem Deckel bei mittlerer Hitze noch etwa 10 Minuten garen.

3. Währenddessen das Fleisch waschen, trocken tupfen und in mundgerechte Stücke schneiden, dann salzen und pfeffern. Mehl und Haferflocken separat auf tiefe Teller verteilen. Das Ei in einem weiteren tiefen Teller verquirlen. Das Hähnchen erst im Mehl wenden, dann durch das verquirlte Ei ziehen und zuletzt in den Haferflocken panieren.

4. Das übrige Öl in einer großen beschichteten Pfanne erhitzen und die Hähnchenstücke darin bei mittlerer Hitze etwa 5 Minuten rundum knusprig goldbraun braten. Herausnehmen und auf Küchenpapier abtropfen lassen.

5. Zum Servieren das Letscho mit Salz, Pfeffer und Essig abschmecken. Mit den Hähnchen-Nuggets auf Tellern anrichten und mit dem beiseitegelegten Selleriegrün bestreuen.

Für 2 Personen
Zubereitung: 40 Minuten

1 Zwiebel
1 Knoblauchzehe
2 Stangen Staudensellerie
je 1 kleine gelbe und grüne Paprikaschote
200 g Tomaten
1 Zweig Rosmarin
4 EL Olivenöl
1 TL Tomatenmark
125 ml Gemüsebrühe
1 TL edelsüßes Paprikapulver
Salz, Pfeffer aus der Mühle
250 g Hähnchenbrustfilet
2 TL Dinkel-Vollkornmehl
50 g zarte Haferflocken
1 Ei (Größe M)
1 EL Aceto balsamico

Pro Portion: ca. 550 kcal,
40 g EW, 27 g F, 30 g KH, 9 g BST

CURRYHÄHNCHEN MIT ROTKOHL-MANGO-SLAW

Für 2 Personen
Zubereitung: 35 Minuten

400 g Rotkohl
Salz
1 Möhre (ca. 100 g)
1 kleine rote Zwiebel
200 g Hähnchenbrustfilet
1 TL Currypulver
Pfeffer aus der Mühle
1 EL Sesamöl (ersatzweise Rapsöl)
2 EL Weißweinessig
3 EL griech. Joghurt (5 % Fett)
1 EL Walnussöl
(ersatzweise Mandel- oder Hanföl)
200 g Mango
1 EL Mandeln
2 Stiele Koriandergrün

Pro Portion: ca. 370 kcal,
29 g EW, 17 g F, 21 g KH, 8 g BST

1. Rotkohl putzen, waschen und auf der Gemüsereibe in feine Streifen hobeln oder schneiden. In eine Schüssel geben, mit ½ TL Salz bestreuen und mit den Händen 2 bis 3 Minuten gründlich durchkneten. Die Möhre putzen, schälen und auf der Gemüsereibe in sehr dünne Scheiben hobeln. Zwiebel schälen, halbieren und in feine Halbringe schneiden. Möhre und Zwiebel zum Kohl geben.

2. Das Hähnchenfilet waschen, trocken tupfen und rundum mit Curry, Salz und Pfeffer würzen. Das Öl in einer Pfanne erhitzen und das Fleisch darin erst bei starker Hitze auf jeder Seite 1 bis 2 Minuten anbraten. Dann bei mittlerer Hitze noch etwa 8 Minuten fertiggaren, dabei zwischendurch wenden.

3. Inzwischen für das Dressing Essig, Joghurt und Walnussöl glatt verrühren und mit Salz und Pfeffer würzen. Das Dressing unter die Rotkohlrohkost mischen. Die Mango schälen, das Fruchtfleisch erst in dünne Scheiben, danach in Streifen schneiden und ebenfalls unter den Slaw heben.

4. Zum Servieren die Mandeln grob hacken. Das Koriandergrün waschen, trocken tupfen und die Blätter abzupfen. Das Hähnchenfilet aus der Pfanne nehmen und schräg in dünne Scheiben schneiden. Mit dem Slaw auf Tellern anrichten und mit Mandeln und Koriandergrün bestreuen.

Die Ernährungs-Docs

Zwiebeln an sich sind schon tolle Knollen – in puncto Gesundheit haben die roten aber noch mehr zu bieten als ihre hellen Verwandten. Sie sind reicher an Antioxidanzien wie Quercetin und Anthocyanen und können daher besonders wirksam das Immunsystem stärken und Entzündungen bekämpfen. Außerdem stärken sie nachweislich Herz und Gefäße und senken den Cholesterinspiegel. Roh verzehrt, können rote Zwiebeln bei empfindlichen Menschen allerdings zu Magen-Darm-Problemen führen.

CEVAPCICI MIT AJVAR UND ZITRONENSPINAT

1. Die Spitzpaprika längs halbieren, putzen, waschen und in etwa ½ cm kleine Würfel schneiden. Zwiebel und Knoblauch schälen und fein würfeln. 1 EL Öl in einer Pfanne erhitzen und Paprika, Zwiebel und Knoblauch darin etwa 2 Minuten dünsten. Beide Sorten Paprikapulver dazugeben und kurz mitrösten. Die Mischung in eine Schüssel füllen und etwas abkühlen lassen.

2. Währenddessen den Spinat verlesen, waschen und trocken schleudern, dabei grobe Stiele entfernen. Die Zitrone heiß waschen, abtrocknen und ½ TL Schale fein abreiben, dann 1 EL Saft auspressen.

3. Das Tatar mit der Paprika-Zwiebel-Mischung, Salz und Pfeffer gründlich verkneten. Aus der Hackmasse mit angefeuchteten Händen 8 Rollen (à ca. 8 cm Länge) formen. In einer großen beschichteten Pfanne 2 EL Öl erhitzen und die Cevapcici darin bei mittlerer Hitze 8 bis 10 Minuten rundum braun anbraten.

4. Inzwischen das restliche Öl in einem Topf erhitzen und den Spinat darin 2 bis 3 Minuten zusammenfallen lassen. Zitronensaft und -schale unterrühren, mit Chili und Salz würzen. Vom Herd nehmen, die saure Sahne unterrühren.

5. Zum Servieren die Sonnenblumenkerne grob hacken. Die Cevapcici mit dem Zitronenspinat und etwas Ajvar anrichten und mit Sonnenblumenkernen bestreuen.

Für 2 Personen
Zubereitung: 45 Minuten

1 rote Spitzpaprikaschote (ca. 80 g)
1 Zwiebel
1 Knoblauchzehe
4 EL Olivenöl
1 TL edelsüßes Paprikapulver
¼ TL rosenscharfes Paprikapulver
400 g junger Spinat
½ Bio-Zitrone
250 g Rindertatar (ersatzweise mageres Rinderhackfleisch)
Salz, Pfeffer aus der Mühle
2 Msp. Chiliflocken
1 EL saure Sahne (10 % Fett)
1 EL Sonnenblumenkerne
50 g scharfer Ajvar

Pro Portion: ca. 460 kcal, 36 g EW, 29 g F, 11 g KH, 6 g BST

Die Ernährungs-Docs

Egal ob Chili-, Paprika- oder Pfefferschote – alle Vertreter der botanischen Gattung Paprika versorgen uns mit reichlich Vitamin C und entzündungshemmenden Pflanzenfarbstoffen wie Flavonoiden und Carotinoiden. Die Chili toppt das Ganze noch mit ihrem Inhaltsstoff Capsaicin: Dieser „Scharfmacher" regt die Durchblutung an, lindert Entzündungen und Schmerzen und stärkt das Immunsystem.

HÄHNCHENSALAT MIT MANDELDRESSING

1. Von Römersalat und Radicchio die äußeren Blätter entfernen. Den Salat jeweils in die einzelnen Blätter teilen, waschen, trocken schleudern und eventuell in mundgerechte Stücke zupfen.

2. Die Möhre putzen, schälen und in feine Stifte schneiden. Die Radieschen putzen, waschen und in dünne Scheiben schneiden. Die Paprika längs halbieren, putzen, waschen und quer in dünne Streifen schneiden. Die Sprossen in einem Sieb abbrausen und abtropfen lassen.

3. Alle Salatzutaten in eine Salatschüssel geben. Für das Dressing Mandelmus mit Essig, 2 EL Wasser, Salz, Pfeffer und Olivenöl glatt verrühren. Die Salatzutaten mit der Hälfte des Dressings mischen und auf Teller verteilen.

4. Das Hähnchenbrustfilet waschen, trocken tupfen und in ½ cm dünne Scheiben schneiden. Das Sesamöl in einer Pfanne erhitzen und die Hähnchenscheiben darin bei mittlerer bis starker Hitze 4 bis 5 Minuten unter Wenden hell anbraten, salzen und pfeffern.

5. Zum Servieren Fleisch und Kürbiskerne auf dem Salat verteilen und mit dem restlichen Mandeldressing beträufeln.

Für 2 Personen
Zubereitung: 30 Minuten

1 Römersalatherz
1 kleiner Radicchio
1 Möhre
6 Radieschen
1 rote Spitzpaprikaschote
40 g Sprossen
(z. B. Alfalfa oder Radieschen)
50 g dunkles Mandelmus
3 EL Weißweinessig
Salz, Pfeffer aus der Mühle
2 EL Olivenöl
200 g Hähnchenbrustfilet
1 EL Sesamöl (ersatzweise Rapsöl)
2 EL Kürbiskerne

Pro Portion: ca. 500 kcal,
33 g EW, 34 g F, 11 g KH, 5 g BST

Die Ernährungs-Docs

Wer sich antientzündlich ernähren möchte, sollte seinen Fleischkonsum reduzieren. Fettarme Fleischsorten wie Hähnchenbrustfilet oder Putenfleisch sind dabei eine gute Wahl, sofern sie ohne Haut zubereitet werden. Generell sollten es nicht mehr als zwei Portionen (à ca. 150 g) pro Woche sein. Wurst, Schinken, Speck oder Salami lassen Sie am besten komplett links liegen, da durch das Räuchern und Pökeln ungesunde Inhaltsstoffe enstehen. Bevorzugen Sie möglichst Fleisch aus artgerechter Tierhaltung.

SÜSSES

Naschkatzen aufgepasst! Egal ob Rote Grütze, Nusskuchen oder Eiscreme – in unseren „Sweets“ findet sich keinerlei weißer Haushaltszucker. Nur viele gesunde Zutaten, die ungünstige Entzündungsprozesse im Stoffwechsel bremsen. Gefahr gebannt, genießen erlaubt!

KOKOS-PANNACOTTA MIT OBSTSALAT

Für 2 Förmchen (à ca. 150 ml)
Zubereitung: 30 Minuten
Kühlen: 3 Stunden

1 kleine Dose ungesüßte Kokosmilch (ca. 200 ml)
½ TL Agar-Agar (4 g)
2 TL Vollrohrzucker (z. B. Muscovado)
½ Bio-Limette
2 EL frisch gepresster Orangensaft
1 kleine Birne
80 g kernlose grüne Weintrauben
2 kleine blaue Feigen
20 g Walnusskerne
einige Minzespitzen zum Garnieren

Pro Portion: ca. 395 kcal, 6 g EW, 30 g F, 28 g KH, 3 g BST

1. Die Kokosmilch mit dem Agar-Agar und dem Zucker in einem kleinen Topf gründlich verrühren. Die Mischung unter Rühren kurz aufkochen, dann bei schwacher Hitze noch 2 bis 3 Minuten köcheln lassen.

2. Inzwischen die Limette heiß waschen, abtrocknen und die Schale fein abreiben. Dann die Limettenhälfte auspressen. Die Limettenschale und 1 EL Limettensaft unter die Kokoscreme rühren. Die Förmchen kalt ausspülen und die Creme auf die Förmchen verteilen. Vor dem Servieren mindestens 3 Stunden kühl stellen.

3. Inzwischen Orangensaft und übrigen Limettensaft verrühren. Die Birne waschen, vierteln, entkernen und in dünne Spalten schneiden. Die Trauben waschen, abzupfen und halbieren. Die Feigen waschen und achteln, dabei die Stielansätze entfernen. Die Nüsse grob hacken. Früchte und Nüsse in der Zitrussaftmischung wenden und marinieren.

4. Zum Servieren Minze waschen und trocken tupfen. Die Förmchen kurz in heißes Wasser tauchen, den Rand der Creme mit einem Messer lösen und die Pannacotta auf kleine Teller stürzen. Mit Früchten und Minze garnieren.

★ Eine vegane Pannacotta? Dafür muss nur ein bisschen getauscht werden: Kokosmilch statt Sahne und Agar-Agar statt Gelatine. So steht im Nu ein pflanzenbasiertes Dessert auf dem Tisch, das himmlischen Genuss verspricht. Im Sinne Ihrer Gesundheit lohnt es sich immer zu überlegen, ob tierische Lebensmittel reduziert werden können, vor allem wenn sie sehr fetthaltig sind wie Sahne und es geschmacklich ähnliche pflanzenbasierte Alternativen gibt.

ROTE GRÜTZE MIT VANILLESAUCE

Für 4 Personen
Zubereitung: 30 Minuten
Kühlen: 1 Stunde 30 Minuten

200 g Sojasahne („Soja-Cuisine")
200 ml Milch (1,5 % Fett)
1 TL Johannisbrotkernmehl
1 Vanilleschote
600 g tiefgekühlte Beerenmischung
1 Bio-Orange
2 EL Ahornsirup

Pro Portion: ca. 230 kcal,
4 g EW, 12 g F, 21 g KH, 4 g BST

1. Für die Vanillesauce die Sojasahne und die Milch mit dem Johannisbrotkernmehl in einem kleinen Topf verrühren. Die Vanilleschote längs aufschneiden und mit einem spitzen Messer das Mark herauskratzen. Vanillemark und ausgekratzte Schote zur Sahnemischung geben, alles kurz aufkochen und etwa 2 Minuten köcheln lassen, bis die Sauce leicht andickt. Vom Herd nehmen und abkühlen lassen.

2. Währenddessen für die Grütze die tiefgekühlten Beeren antauen lassen. Die Orange heiß waschen, abtrocknen und 2 TL Schale fein abreiben. Die Orange halbieren und den Saft (ca. 125 ml) auspressen. Danach Orangenschale und -saft mit Ahornsirup und 200 g Beeren-Mix in einem Topf einmal aufkochen, dann bei schwacher Hitze etwa 10 Minuten köcheln lassen.

3. Die Beeren im Topf mit dem Stabmixer fein pürieren. Die restlichen tiefgekühlten Beeren untermischen und alles einmal kurz aufkochen. Die Grütze erst etwa 30 Minuten abkühlen lassen, danach im Kühlschrank abgedeckt noch mindestens 1 Stunde durchziehen lassen.

4. Zum Servieren die Grütze auf Schalen verteilen und mit der Vanillesauce servieren (Schote vorher entfernen!).

Die Ernährungs-Docs

Rot, blau, lila – dunkle Beeren sind unglaublich gesund! Denn ihre Pflanzenfarbstoffe, die sogenannten Anthocyane, sind nichts anderes als sekundäre Pflanzenstoffe, die hochpotent gegen Entzündungen sowie freie Radikale wirken. Wer einen Beeren-Mix im Tiefkühlfach hat, kann sich ruckzuck einen gesunden Smoothie oder eine Grütze zubereiten. Gut zu wissen: Die Tiefkühlbeeren möglichst kurz erhitzen, um sich vor Keimen zu schützen.

VEGANES VANILLE-CASHEW-EIS

1. Die Datteln längs halbieren, entsteinen und klein hacken. Mit den Cashewkernen in einer Schüssel mit kochend heißem Wasser übergießen und etwa 1 Stunde einweichen.

2. Anschließend den Mix in ein Sieb abgießen und abtropfen lassen. Mit Ahornsirup, Sojadrink, Sojasahne und Vanillemark in einem hohen Rührbecher mit dem Stabmixer so lange fein pürieren, bis die Masse glatt ist.

3. Die Masse in der Eismaschine 30 bis 35 Minuten cremig gefrieren lassen. (Alternativ in einer Schüssel ins Tiefkühlfach stellen und 3 bis 4 Stunden gefrieren lassen, dabei ab und zu durchrühren.)

4. Währenddessen die Schokolade fein hacken und 4 TL zum Garnieren beiseitestellen. Die übrige Schokolade nach der Hälfte der Gefrierzeit unter die Eiscreme mischen.

5. Zum Servieren von dem Vanille-Cashew-Eis mit einem Portionierer Kugeln abstechen und in Schalen anrichten. Mit den beiseitegestellten Schokostückchen bestreuen.

★ Für einen extra Crunch von den Cashewkernen 50 g abnehmen, in einer Pfanne ohne Fett rösten, abkühlen lassen und hacken. Mit der gehackten Schokolade unter die halb gefrorene Eismasse rühren.

Für 6 Personen (ca. 600 ml)
Zubereitung: 15 Minuten
Einweichen: 1 Stunde
Tiefkühlen: 35 Minuten (Eismaschine) oder 4 Stunden (Tiefkühlfach)

50 g Datteln (z. B. Medjoul)
150 g Cashewkerne
2 EL Ahornsirup
200 ml ungesüßter Sojadrink
100 g Sojasahne („Soja-Cuisine")
ausgekratztes Mark von 1 Vanilleschote
50 g vegane Zartbitterschokolade (mind. 70 % Kakaoanteil)

Pro Portion: ca. 270 kcal, 8 g EW, 17 g F, 36 g KH, 3 g BST

APRIKOSEN-MANDEL-CRUMBLE

Für 6 Personen
Zubereitung: 30 Minuten
Backen: 30 Minuten

30 g Mandeln
10 g Ingwer
50 g weiche Butter
50 g Dinkel-Vollkornmehl
40 g kernige Haferflocken
50 g Vollrohrohrzucker (z. B. Muscovado)
¼ TL Zimtpulver
1 Msp. Nelkenpulver
Salz
weiche Butter für die Form
300 g Aprikosen
100 g griech. Joghurt (10 % Fett)

Pro Portion: ca. 230 kcal, 4 g EW, 13 g F, 23 g KH, 3 g BST

1. Die Mandeln grob hacken. Den Ingwer schälen und fein reiben. Die weiche Butter mit Mehl, Haferflocken, 40 g Zucker, Zimt, Nelkenpulver und 1 Prise Salz in eine Schüssel geben. Alle vorbereiteten Zutaten mit den Händen zu groben Streuseln verkneten. Dann abgedeckt etwa 20 Minuten kühl stellen.

2. Inzwischen den Backofen auf 200 °C vorheizen. Eine Gratinform (ca. 24 cm Durchmesser) oder sechs kleine Gratinformen (à 8–9 cm Durchmesser) mit Butter einfetten.

3. Die Aprikosen waschen, halbieren und entsteinen, größere Hälften nochmals längs halbieren. Die Aprikosen mit den Schnittflächen nach oben in die Form bzw. die Förmchen legen und mit dem übrigen Zucker (10 g) bestreuen.

4. Die Mandelstreusel über den Aprikosen verteilen und den Crumble im Ofen auf der mittleren Schiene etwa 30 Minuten backen, bis die Streusel goldbraun und knusprig sind.

5. Den Crumble herausnehmen und auf einem Kuchengitter etwa 5 Minuten abkühlen lassen. Noch warm mit dem Joghurt oder 2 Kugeln Cashew-Vanille-Eis (siehe Rezept links) servieren.

★ Außerhalb der Aprikosensaison kann man den Crumble mit Zwetschgen zubereiten.

MUG CAKES MIT ROTER BETE

Für 4 ofenfeste Tassen (à ca. 300 ml)
Zubereitung: 30 Minuten
Backen: 15 Minuten

4 EL Rapsöl
1 kleine Rote Bete (ca. 150 g)
100 g Mandelmehl (teilentölt)
30 g Kakaopulver (schwach entölt)
2 TL Weinsteinbackpulver
Salz
2 Eier (Größe M)
2 EL Vollrohrzucker (z. B. Muscovado)
100 ml Milch (1,5 % Fett)
1 TL gemahlener Ingwer
100 g Schmand
1 TL Mohnsamen

Pro Stück: ca. 445 kcal,
14 g EW, 36 g F, 14 g KH, 5 g BST

1. Den Backofen auf 180 °C vorheizen und die Tassen mit 1 EL Öl einfetten.

2. Die Rote Bete putzen, schälen und auf der Gemüsereibe fein raspeln (Achtung, sie färbt stark ab!). Die Rote-Bete-Raspel in einem Sieb mit einem Löffel ausdrücken, dabei den ablaufenden Saft (ca. 1 EL) auffangen und beiseitestellen. In einer Schüssel Mandelmehl, Kakao, Backpulver und 1 Prise Salz mischen.

3. Die Eier mit dem Zucker in einer Rührschüssel mit den Quirlen des Handrührgeräts hellschaumig aufschlagen. Dann Milch, übriges Öl und Ingwer untermischen. Zuletzt den Mandelmehl-Mix und die Rote-Bete-Raspel unterrühren. Den Teig in die Tassen füllen und die Mug Cakes im Ofen auf der mittleren Schiene etwa 15 Minuten backen.

4. Danach aus dem Ofen nehmen und auf einem Kuchengitter etwa 20 Minuten lauwarm abkühlen lassen. Inzwischen in einer kleinen Schüssel den Schmand mit dem aufgefangenen Rote-Bete-Saft verrühren.

5. Zum Servieren die Mug Cakes jeweils mit 1 Klecks Rote-Bete-Schmand und etwas Mohn garnieren.

Die Ernährungs-Docs

Doppelter Punktgewinn auf dem Gesundkonto: Sowohl die Roten Beten als auch das Kakaopulver versorgen uns mit antioxidativen Polyphenolen. Die roten Knollen enthalten den Farbstoff Betanin, der zu den sekundären Pflanzenstoffen (Flavonoiden) zählt; beim Kakaopulver sind die sogenannten Anthocyane für den gesundheitlichen Benefit verantwortlich. Um von der positiven Wirkung zu profitieren, sollten Sie möglichst dunkles Kakaopulver ohne Zucker verwenden.

NUSSKUCHEN MIT MÖHREN UND SAUERRAHM

1. Den Backofen auf 180 °C vorheizen. Die Form mit Backpapier auslegen.

2. Die Möhren putzen, schälen und auf der Gemüsereibe fein raspeln, danach auf Küchenpapier abtropfen lassen.

3. In einer Rührschüssel die weiche Butter, Zucker, Gewürze und 1 Prise Salz mit den Quirlen des Handrührgeräts etwa 5 Minuten cremig rühren. Die Eier einzeln dazugeben und jeweils etwa ½ Minute gut unterrühren. Gemahlene und gehackte Nüsse, Mehl und Backpulver mischen. Abwechselnd mit saurer Sahne und Möhrenraspeln unterrühren.

4. Den Teig in die Form füllen und etwas glatt streichen. Den Kuchen im Ofen auf der mittleren Schiene 50 bis 55 Minuten backen (Stäbchenprobe machen!).

5. Danach den Kuchen aus dem Ofen nehmen und auf einem Kuchengitter etwa 10 Minuten abkühlen lassen, dann mithilfe des Backpapiers vorsichtig stürzen. Das Backpapier abziehen und den Kuchen etwa 1 Stunde abkühlen lassen.

6. Zum Garnieren die Schokolade grob hacken und in einer Metallschüssel über dem heißen Wasserbad unter Rühren schmelzen. Den Kuchen damit beträufeln, mit den Haselnussblättchen bestreuen und fest werden lassen.

Für 1 Kastenform
(ca. 25 cm Länge; 18 Scheiben)
Zubereitung: 30 Minuten
Backen: 55 Minuten
Abkühlen: 1 Stunde

200 g Möhren
100 g weiche Butter
50 g Vollrohrzucker
(z. B. Muscovado)
½ TL Zimtpulver
½ TL gemahlene Vanille
1 Msp. Nelkenpulver, Salz
6 Eier (Größe M)
200 g gemahlene Haselnusskerne
100 g gehackte Haselnusskerne
100 g Dinkel-Vollkornmehl
4 TL Weinsteinbackpulver
100 g saure Sahne (10 % Fett)
50 g Bitterschokolade
(mind. 70 % Kakaoanteil)
20 g grob gehackte Haselnusskerne

Pro Scheibe: ca. 245 kcal,
7 g EW, 19 g F, 10 g KH, 3 g BST

Die Ernährungs-Docs

Dieser Kuchen geht als gesunde Süßigkeit durch. Denn mit Möhren, Nüssen, Vollkornmehl, Eiern und saurer Sahne vereint er so viele günstige Zutaten, dass diese den Zucker und die Butter locker aufwiegen. Vor allem Nüsse punkten mit Pflanzenprotein und reichlich Ballaststoffen, Vitaminen, Mineralstoffen und Spurenelementen. Extra hilfreich gegen Entzündungen sind die hochwertigen einfach oder mehrfach ungesättigten Fettsäuren, die in den Nüssen stecken.

MATCHA-LIMETTEN-COOKIES

Für 20 Stück
Zubereitung: 40 Minuten
Backen: 10 Minuten

50 g geschälte Mandeln
60 g weiche Butter
50 g Vollrohrohrzucker (z. B. Muscovado)
Salz
2 TL Matcha-Grünteepulver
50 g saure Sahne (10 % Fett)
100 g Dinkelmehl (Type 1050)
½ TL Weinsteinbackpulver
1 TL abgeriebene Bio-Limettenschale

Pro Stück: ca. 70 kcal,
1 g EW, 4 g F, 6 g KH, 1 g BST

1. Den Backofen auf 200 °C vorheizen. Ein Backblech mit Backpapier belegen.

2. Die Mandeln fein hacken. Weiche Butter, Zucker, 1 Prise Salz und das Matcha-Grünteepulver in einer Schüssel mit den Quirlen des Handrührgeräts etwa 5 Minuten cremig rühren. Dann die saure Sahne unterrühren.

3. Mehl, Backpulver und Limettenschale mischen und auf kleiner Stufe mit dem Handrührgerät unterrühren. Dann die Mandeln mit einem Teigschaber locker unterheben.

4. Aus der Masse mit 2 Teelöffeln kleine Häufchen abstechen und diese mit angefeuchteten Händen zu Kugeln formen. Die Kugeln nebeneinander auf das Blech setzen und flach drücken, dabei etwa 5 cm Abstand lassen.

5. Die Matcha-Limetten-Cookies im Ofen auf der mittleren Schiene 9 bis 10 Minuten backen. Herausnehmen und auf dem Blech auf einem Kuchengitter abkühlen lassen. Kühl und trocken gelagert sind die Cookies 10 Tage haltbar.

★ Das Dinkelmehl Type 1050 können Sie gerne durch Dinkel-Vollkornmehl ersetzen. Die Cookies schmecken dann aber kräftiger und nussiger. Oder Sie mischen Dinkelmehl Type 630 und Dinkelvollkornmehl im Verhältnis 1:1.

PFLAUMEN-ENERGY-BALLS MIT KOKOS

Für 16 Stück
Zubereitung: 15 Minuten
Kühlen: 1 Stunde

75 g Leinsamen
75 g geschälte Hanfsamen
4 getrocknete Pflaumen
1 EL Walnussöl
2 EL dunkles Mandelmus
2 EL Kakao-Nibs (roh)
3 EL Kokosraspel
2 TL Kakaopulver (schwach entölt)

Pro Stück: ca. 110 kcal,
3 g EW, 8 g F, 4 g KH, 3 g BST

1. Lein- und Hanfsamen im Blitzhacker fein schroten. Die Pflaumen klein schneiden, mit dem Öl und dem Mandelmus zum Samen-Mix geben und alles zu einer geschmeidigen Paste verarbeiten. Die Kakao-Nibs und 2 EL Kokosraspel hinzufügen und kurz unter die Paste mixen.

2. Aus der Pflaumen-Kokos-Masse mit angefeuchteten Händen 16 walnussgroße Bällchen formen. Die übrigen Kokosraspel und das Kakaopulver separat auf tiefe Teller geben, jeweils die Hälfte der Bällchen in den Kokosraspeln und im Kakao gründlich wälzen.

3. Die Energy Balls auf einen Teller legen und im Kühschrank abgedeckt etwa 1 Stunde ruhen lassen – anschließend sind sie verzehrfertig. Luftdicht verpackt und kühl aufbewahrt, sind die Bällchen etwa 14 Tage haltbar.

Die Ernährungs-Docs

Lein- und Hanfsamen wirken hier im Doppelpack als Gesundheits-Booster. Die kleinen Kraftpakete liefern beide hochwertige Omega-3-Fettsäuren, die Entzündungen im Körper bekämpfen und die Gefäße schützen. Hanfsamen steuern zudem reichlich pflanzliches Eiweiß bei, während Leinsamen vor allem als Top-Ballaststoffquelle gelten.

REZEPTREGISTER

L/M

N/O

P/Q

ENTZÜNDUNGSHEMMER AUF EINEN BLICK

	Substanz	Was enthält viel davon?	Küchentipp
Antioxidanzien*	**Vitamin C** Ascorbinsäure	Obst und Gemüse, vor allem: Paprika, Brokkoli, Rosenkohl, Grünkohl, Fenchel, Sanddorn, Hagebutte, Kiwi, Schwarze Johannisbeeren, Zitrusfrüchte	Vitamin C ist wasserlöslich und hitzeempfindlich, Gemüse daher am besten nur kurz dämpfen.
Antioxidanzien*	**Vitamin E** Tocopherole/-trienole	Pflanzenöle, vor allem Weizenkeimöl**, Olivenöl	Vitamin E ist recht hitzebeständig, übersteht großteils das Kochen.
Antioxidanzien*	**Polyphenole** Resveratrol, Flavonoide, Anthocyane	rotes/blaues/violettes Obst und Gemüse wie Äpfel, Beeren, Granatäpfel, Kirschen, Pflaumen; Oliven(öl), Soja; Getränke wie Grüntee, Kaffee, (dunkler) Kakao, Rotwein; viele Gewürze wie Oregano, Zimt	Diese Antioxidanzien kommen besonders in den Randschichten und Blättern von Pflanzen vor – am besten roh verzehren und die Schale nicht entfernen.
Antioxidanzien*	**Carotinoide** Lycopin, Lutein, Beta-Carotin	Tomaten, Papaya, Grapefruit, Möhren, Feldsalat, Grünkohl, Wassermelonen	Reife Tomaten enthalten viel Lycopin, Dosentomaten und Tomatenmark noch wesentlich mehr.
Bromelain		Ananas	Wirkt auch gerinnungshemmend.
Curcumin		Kurkuma (Gelbwurz), Currypulver	Curcumin ist schmerzlindernd bei Arthrose und hemmt Krebs.
Capsaicin		Chili- und Paprikaschoten	Capsaicin wirkt schmerzlindernd und durchblutungsfördernd.
Galaktolipide		Hagebutte (ganze Frucht als Pulver – nicht im Hagebuttentee)	Galaktolipide sind fettlöslich und zerfallen bei Erhitzen über 40 °C.
Omega-3-Fettsäuren ALA (Alpha-Linolensäure), DHA (Docosahexaensäure), EPA (Eicosapentaensäure)		Leinöl***, Chiaöl***, Hanföl***, Walnussöl, Rapsöl; Leinsamen, Walnusskerne; fetter Seefisch wie Lachs, Hering, Makrele, Sardelle; Mikroalgen (Chlorella, Spirulina)	Omega-3-reiche Pflanzenöle niemals erhitzen und rasch verbrauchen!
Sulfide		Knoblauch und Zwiebeln	Antibakteriell und gefäßschützend.
Spurenelemente Zink, Eisen, Selen		Zink: Hülsenfrüchte, Fisch Eisen: Petersilie, Sesam Selen: Paranüsse	Nicht mehr als 2 Paranüsse pro Tag essen, sie können strahlenbelastet sein!

* Antioxidanzien sollten nicht in Form isolierter Präparate aufgenommen werden. Am besten wirken sie im Zusammenspiel mit den anderen natürlichen Inhaltsstoffen.

** Weizenkeimöl nur für die kalte Küche nutzen, da es hitzeempfindliche Fettsäuren enthält.

*** Herstellung möglichst unter Ausschluss von Sauerstoff, Hitze und Licht (Oxyguard-/Omega-Safe-Verfahren).

DIE ERNÄHRUNGS-DOCS

Dr. med. Viola Andresen ist Fachärztin für Innere Medizin und leitet das Bauchzentrum am Medizinicum Hamburg. Sie beschäftigt sich mit chronischen Verdauungsbeschwerden, funktionellen Magen-Darm-Erkrankungen sowie Ernährungs- und Palliativmedizin. Viola Andresen hat als Koordinatorin an der Erstellung der Deutschen Experten-Leitlinien für Reizdarmsyndrom und Chronische Obstipation mitgewirkt und engagiert sich in nationalen und internationalen Fachgesellschaften. Das Team der NDR-Ernährungs-Docs verstärkt sie seit Januar 2023.

Dr. med. Jörn Klasen ist Facharzt für Innere Medizin mit Schwerpunkt Magen-, Darm- und Lebererkrankungen, Ernährungsmediziner sowie Arzt für Anthroposophische Medizin und Naturheilverfahren. Er kombiniert die konventionelle Medizin mit komplementärmedizinischen Methoden. Über 15 Jahre war er Chefarzt und zehn Jahre stellvertretender ärztlicher Direktor am Asklepios Westklinikum Hamburg. Seit 2015 ist er leitender Arzt des Zentrums für integrative Medizin mit eigener Praxis am Medizinicum Hamburg. Er gilt als Experte für die Kombination von Schulmedizin und Naturheilkunde.

Dr. med. Matthias Riedl ist ärztlicher Direktor der von ihm 2008 gegründeten medicum Hamburg MVZ GmbH, die Diabetologie und Ernährungsmedizin mit neun angrenzenden Facharztrichtungen ganzheitlich verbindet. Der Internist, Diabetologe und Ernährungsmediziner ist außerdem als Publizist für Fachzeitschriften und Verlage, Dozent auf internationalen Kongressen und Lehrbeauftragter zweier Universitäten tätig. Im Vorstand des Bundesverbands Deutscher Ernährungsmediziner (BDEM e. V.) engagiert er sich für die Förderung der Ernährungstherapie. Das Magazin „Focus“ nahm ihn 2013 in seine Empfehlungsliste „Top-Mediziner“ auf.

Dr. med. Silja Schäfer ist Ärztin für Allgemeinmedizin und Ernährungsmedizin und führt eine Schwerpunktpraxis für Diabetes und Ernährung in Kiel. Als ehemalige Leistungssportlerin und Trainerin interessierte sie sich schon früh für gesunde Ernährung. Jetzt als Hausärztin liegt es ihr am Herzen, eine gesunde und gesunderhaltende Ernährungsweise für alle zu ermöglichen. Seit Januar 2020 ergänzt sie das Team der Ernährungs-Docs im NDR.

ZU DEN AUTOR*INNEN

2014 begannen die Dreharbeiten für eine einzigartige Fernsehreihe: Seither helfen die NDR-„Ernährungs-Docs“ Menschen, die an ihren Gesundheitsproblemen beinahe verzweifeln. Für die erfahrenen Ärzte **Viola Andresen, Jörn Klasen, Matthias Riedl** und **Silja Schäfer** gilt: Essen als Medizin! Sie setzen gezielt auf moderne Ernährungsstrategien, um Symptome deutlich zu verbessern oder Krankheiten sogar zu heilen. Und beweisen in ihrer Hausboot-Praxis, dass durch eine Umstellung der Gewohnheiten oftmals schon innerhalb weniger Monate erstaunliche Erfolge erzielt werden können.

Eine Auswahl weiterer Bücher:

- Die Ernährungs-Docs
- Diabetes heilen
- Starke Gelenke
- Gute Verdauung
- Gesunde Haut
- Unsere Anti-Krebs-Strategie
- Zuckerfrei gesünder leben
- Gesund und schlank durch Intervallfasten
- Unser Anti-Bauchfett-Programm
- Gesund abnehmen mit der Darm-fit-Formel
- Unsere Anti-Jo-Jo-Methode

IMPRESSUM

Hinter jedem tollen Buch steckt ein starkes Team

Projektleitung: *Kathrin Ullerich*
Texte: *Franziska Pfeiffer*
Rezepte: *Martina Kittler*
Lektorat: *Kathrin Gritschneder*
Redaktionelle Mitarbeit: *Lena Vogt, Lara Basse*
Cover und grafische Gestaltung: *Ina Zimmermann*
Satz: *Ina Zimmermann, Georg Feigl*
Fotografie: *Claudia Timmann*
Foodstyling: *Susanne Walter*
Herstellung: *Frank Jansen*
Producing: *Jan Russok*
Druck & Bindung: *optimal media GmbH, Röbel*

In Zusammenarbeit mit und lizenziert durch
nonfictionplanet GmbH, Hamburg

7. Auflage 2026

Neumühlen 17, 22763 Hamburg
ISBN: 978-3-96584-419-3
Redaktionsanschrift:
ZS, Edel Verlagsgruppe GmbH,
Kaiserstraße 14b, 80801 München
www.zsverlag.de/kontakt
www.edelverlagsgruppe.de/kontakt

LIEBE LESERINNEN, LIEBE LESER,

wie schön, dass Sie ein Buch von ZS in den Händen halten. „Jetzt leben!“ ist das Motto unseres Verlages. Es steht für Genuss und Inspiration, Unterstützung und Motivation. Ob Kulinarik oder Fitness, Gesundheit oder Lebenshilfe – seit über 30 Jahren bieten wir kompetente Ratgeber für (fast) alle Lebenslagen. Wir lieben Tradition genauso wie Innovation – sie treiben uns an. Unsere Autorinnen und Autoren sind Menschen, die zu ihrem Thema wirklich etwas zu sagen und zu schreiben haben. Unsere Produkte sind erzählerisch, appetitmachend und als gedruckte Bücher haptisch echte Erlebnisse. Für Sie mit ganz viel Liebe gemacht! Entdecken Sie mehr aus unserer wunderbaren Welt!

UNSER VERLAGSHAUS

Mit Standorten in Hamburg und München zählt die Edel Verlagsgruppe zu den größten unabhängigen Buchanbietern Deutschlands. Zur Gruppe gehören die Verlage Dr. Oetker Verlag, Edel Sports, KARIBU und ZS.

ZS - Ein Verlag der Edel Verlagsgruppe
www.zsverlag.de
www.facebook.com/zsverlag
www.instagram.com/zsverlag

BILDNACHWEIS

Shutterstock: S. 5, 8, 10, 12, 13, 14, 15, 70, 71, 102, 103, 140, 141, 158, 159 und sämtliche Illustrationen

HINWEIS

Die Ratschläge in diesem Buch wurden mit größter Sorgfalt von Autoren und Verlag erarbeitet und geprüft. Eine Garantie kann jedoch nicht übernommen werden. Ebenso ist eine Haftung der Autoren bzw. des Verlags und seiner Beauftragten für Personen-, Sach- oder Vermögensschäden ausgeschlossen. Erkrankungen mit ernstem Hintergrund gehören in ärztliche Behandlung! Bei bereits bestehenden Beschwerden kann das Buch daher keinen fachärztlichen Rat ersetzen.